HULIANWA

互联网+现代农业

马晓娟　李学国◎编著

天津出版传媒集团
天津科学技术出版社

图书在版编目（CIP）数据

互联网+现代农业 / 马晓娟，李学国编著. -- 天津：天津科学技术出版社，2020.5

ISBN 978-7-5576-7245-4

Ⅰ. ①互… Ⅱ. ①马… ②李… Ⅲ. ①互联网络—应用—现代农业—研究 Ⅳ. ①F303.3-39

中国版本图书馆CIP数据核字（2019）第267355号

互联网+现代农业
HULIANWANG+XIANDAI NONGYE

责任编辑：张　跃
出　　版：天津出版传媒集团 / 天津科学技术出版社
地　　址：天津市西康路35号
邮　　编：300051
电　　话：（022）23332399
网　　址：www.tjkjcbs.com.cn
发　　行：新华书店经销
印　　刷：北京兴星伟业印刷有限公司

开本 710×1 000　1/16　印张 11　字数 150 000
2020年5月第1版第1次印刷
定价：32.80元

前 言

现代农业，要用现代物质条件装备农业，用现代科学技术改造农业，用现代产业体系提升农业，用现代经营形式推进农业，用现代发展理念引领农业，用培养新型农民发展农业。因此，现代农业发展，要构建完善的保障措施，以推进农业的现代化发展。

2015年7月，国务院下达了“互联网+”行动指导意见，其中对“互联网+现代农业”的指导意见特别指出：“利用互联网提升农业生产、经营、管理和服务水平，培育一批网络化、智能化、精细化的现代种养加生态农业新模式，形成示范带动效应，加快完善新型农业生产经营体系，培育多样化农业互联网管理服务模式，逐步建立农副产品、农资质量安全追溯体系，促进农业现代化水平明显提升。” 可见，互联网+现代农业已成为时代的必然要求。

为增强广大农民和农业工作者对互联网+现代农业的了解，并积极主动地运用，促进新农业、新农村建设，我们在借鉴和吸收国内外研究成果的基础上，编写了这本《互联网+现代农业》一书，对互联网在现代农业中的运用进行了详细介绍，希望对广大读者有所裨益。

本书共分为七个章节：

第一章介绍了发展农村电商促进传统农业转型，包括互联网+与农业融合及其模式、互联网农业时代、农业新机遇和互联网农业模式优势等；

第二章介绍从传统农业到现代农业，包括农业与现代农业、现代农业与传统农业、现代农业与电子商务；

第三章介绍了现代农业，包括其基本特征、要求、必要性、紧迫性和模式；

第四章介绍了生态农业，包括内涵、特征、理论基础、类型、模式和技术体系；

第五章介绍了农产品质量安全，包括绿色、有机食品和无公害农产品认证、农产品地理标志登记和名牌农产品认定；

第六章介绍了循环农业，包括特征、理论、原则、实践模式、发展模式构建等；

第七章介绍了智慧农业，包括农业电商与智慧农业及案例分析。

编者希望大家在阅读这本书之后，能够对互联网+现代农业有一个深刻的了解。由于编写时间仓促，水平有限，书中难免有不当之处，望广大读者批评、指正。

CONTENTS

目 录

第一章

发展农村电商，促进传统农业转型

第一节 “互联网+”与农业的融合

近几年，农业仿佛成了一个“香饽饽”，各个资本大佬都纷纷“不务正业”地布局农业。例如：阿里巴巴旗下的基金尝试奶牛养殖；网易斥巨资建立养猪示范基地；联想以蓝莓等产品为切入点，构建了全新的农业产业生态圈……

当传统农业与互联网融合后，其在营销、流通、资金、商业模式等方面都会发生变化。例如：农产品的营销可以借助互联网新媒体；农产品的流通可以借助农产品信息平台；农产品供求关系的分析可以参照大数据；农企融资可以借助互联网金融；个人承包制趋势增强；等等。

个人承包制趋势增强

新希望集团的当家人刘永好曾经提出一种设想：当农户饲养新希望的奶牛时，通过摄像头就能够实时对奶牛进行监控，养殖系统会自动地根据饲养室的温度、湿度、光照等进行调节，并定时为奶牛喂食物和水；当奶牛开始产奶后，农户通过微信就可以与顾客联络，并按需求将牛奶快递给客户。

虽然说目前这种设想仍然在规划中，但随着互联网与农业融合的推进，这种设想必将成为现实。

在上面的设想中，刘永好规划的商业模式其实是家庭定制化承包奶牛，而这种模式与阿里巴巴2014年推出的“聚土地”的设想不谋而合。“聚土地”业务即用户通过网上预约的方式认购土地，获得土地的使用权后自行进行农作物生产。

随着人们生活水平和经济能力的提高，人们对放心、健康的农产品的需求日益迫切，而如新希望和阿里巴巴推出的模式正好针对消费者的切实需求，因此也具有比较理想的市场潜力。

综观中国的乳制品市场，蒙牛、伊利等品牌具有绝对的竞争优势，凭借明星单品、规模、奶源、品牌等资源能够获得绝大多数市场份额。而新希望等企业，为了谋求自身发展，就必须采取差异化道路。所以，对新希望来说，通过互联网实现创新发展是最佳的策略。

流通借助农产品信息平台

从农企和农户的角度来看，农产品价格的波动性是一个非常大的问题。由于买卖双方信息的不对称，不仅会使农企和农户的收益受到严重的影响，而且容易造成巨大的资源浪费。虽然国家可以从政策层面引导农产品的流通，但落后的信息沟通方式仍然使得农业的发展受限。

农产品信息平台的崛起，从根本上为这个“顽疾”开出了“处方”。农产品信息平台最大的特点就是数据大，通过互联网将海量的农产品信息汇集到一起，覆盖全国的价格信息和供求关系都一目了然，极大地缩减了买卖双方获得信息的成本。

另外，通过农产品信息平台之上的供需关系，还可以预测投资的机会和可能的风险，指导农产品的生产结构。

营销借助互联网新媒体

自从互联网，尤其是移动互联网获得发展以后，企业营销的方式就不再仅限于在平面媒体和电视上投放广告。相比传统的营销方式，互联网营销更容易以低成本获得好效果，而这对于推动企业和行业的发展而言至关重要。

目前，中国的主要消费群体已经是伴随互联网成长起来的“80后”“90后”，他们更容易受到互联网营销的影响。从这个角度来说，企业也更应该在营销时选择互联网新媒体。

2015年初中央下达的一号文件，再次对农业问题进行了强调。例如：加快农业产业化和信息化，土地制度继续推进，农垦改革首次成为改革重点，农产品生产应重视食品安全等。其中农业信息化的重要形式即互联网农产品信息平台，其在流通端的体现是农业电商，在生产端的体现是精确农业的应用。

与其他产业相比，农业不仅投资的周期长、收益低，而且面临的风险更大，但由于农业事关国计民生，因此得到国家政策的支持。而互联网与农业的融合，将会给农业注入新的动力，使得传统农业发生变革。

那么，“互联网+”是怎样链接农业的呢？

就以往的经验来看，互联网确实具有链接其他行业的属性。例如，实体经济与互联网的链接，催生了电子商务。这不仅使得实体经济焕发出了新的生命力，使得老百姓的生活、购物变得更加便利，而且孕育出了一批优秀的互联网企业，阿里巴巴、京东等都因此而发展壮大。

由于农业本身固有的特点，一直以来并未与互联网发生实质性的链接，但这并不意味着“互联网+”无法链接农业。

村村乐的创始人胡伟就是“互联网+”链接农业的探索者。他打造的村村乐平台，目前已经成为国内最大的“扎根农村、服务三农、惠及三农”互联网综合性平台，而且由于紧随行业潮流和切合用户需求，村村乐也更进一步推动了“互联网+”链接农业的进程。

通过不断地发展，村村乐已经越来越“接地气”，其覆盖的村庄已经超过60万个，招募的网络村干部也超过了20万人。另外，通过帮助农民售卖农产品、代理化肥、电影下乡、路演巡展、墙体广告等形式的经纪人模式，村村乐已经为广大农村引进了多方面的战略合作，在资金统筹、保险理财、农村贷款等方面给农民提供了极大的支持。

为了尽可能地采取多样的方式接近农村，增加与农民的沟通，更好地为农民服务。村村乐正努力打造一个以村庄小卖部为据点的集物流代办中心、信息交流中心、服务中心、销售中心等为一体的覆盖农村的连锁超市系统。

新世纪以来，农业互联网化的口号一直存在，但由于农业易受交通、环境等多种因素的影响，因此相比其他领域并不具备链接“互联网+”的优势。但随着互联网的进一步发展和新农人理念的改变，农业互联网化的趋势正在蓬勃发展。

村村乐的案例，正属于“互联网+”与农业的链接和融合。从中看出，“互联网+”与农业链接的根本目的在于用互联网的要素带动农业的发展。

第二节　“互联网+农业”模式

若想在这个“大众创业、万众创新”的时代创出一片天地，必须对固有的模式进行改造。在这一创新理念的推动下，“互联网+农业”的模式逐渐受到了众多上市公司的青睐，开始成为农业依托互联网发展的新模式。目前，这一模式已经在农业信息化、农业电商发展以及农村网络金融三大领域逐步展开。

“互联网+”深入农业产业链：从生产到销售

中央一号文件要求电子商务进驻农村，对于如何加快农村电子商务的发展，商务部展开了一系列的研讨活动，研究的重点在于以信息化手段对传统的农村流通网络进行改造，以建立优质的电商平台，整合农业生产资料，开拓电商覆盖领域，从而加速农村整体电子商务的发展。

目前，这项政策已经在广大的农村地区得以推广和实施，政府一方面大力推动京东、淘宝等大型电商平台大面积入驻农村商业市场，另一方面也在敦促农村的传统商业同网络平台实现线上和线下相互融合的发展模式。

如今，与农业相关联的网站已经达到了3000多个，仅在淘宝网进行注册并经营的乡镇以及行政村的网店就超过了163万家。其规模让人惊叹。而在这163万家网店中，主营农产品的网店就达到了将近40万家，这充分说明农业在电商平台上的蓬勃发展。

不仅如此，在全国许多省份如山东、江苏等，它们的农产品通过网络销售出去的数量也与日俱增，这给广大农民，尤其是广大青年农民带来了极为广阔的市场前景。

“互联网+农业”的模式是一项可持续发展的经营战略，不仅在于它为农村提供了销售途径，而且它已经深入到了农业的整条产业链，从生产到加工，再到销售，互联网都可为其“保驾护航”。

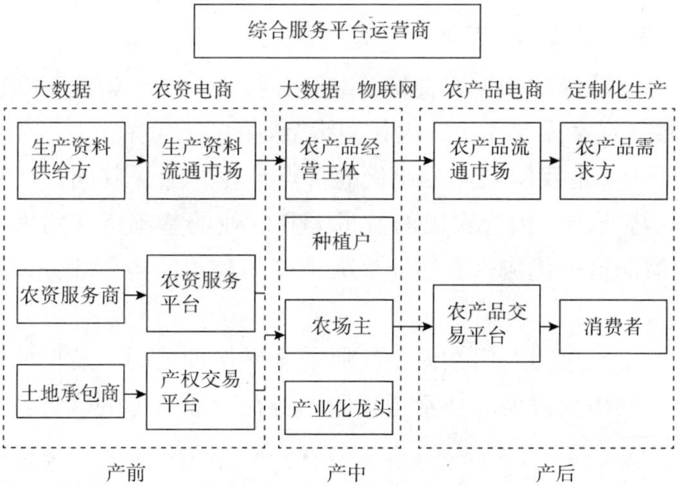

图1-1 “互联网+”重构农业全产业链

发展方向："互联网+农业"的未来

"互联网+农业"的发展模式逐渐渗透到传统农业发展的各个环节，影响力与日俱增，许多上市公司都瞄准了这一块肥沃的土地，正在拼命抢夺资源，而它们的目光也大多投向了农业电商、农村互联网金融以及农业信息化这三个领域，所以，这也被人们看做是"互联网+农业"的三个发展方向。

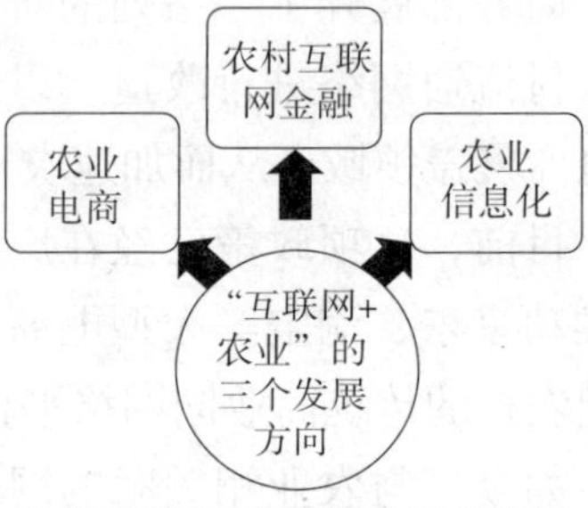

图1-2 "互联网+农业"的三个发展方向

1. 农业电商

金正大集团[①]在农业电商这个领域起到了带头的作用，作为一家上市公司，金正大在农业电商这一方面已经大大地扩展了自己的行业布局。金正大的董事长万连步曾表示，金正大首先要做的是对其现在所拥有的销售渠道进行进一步的优化升级，在此基础上实现与农资电商的完美对接。

金正大集团现有二级经销商10万多家，这将是发展农业电商的优质资源。通过提高效率、降低成本等，此类经销商将为线上和线下实行有效融合打实基础。此后，进一步实现农资电商与种植园、农场、养殖生产基地等的面对面直接对话。

2. 农村互联网金融

中国人民银行发布《中国农村金融服务报告》深入解读了互联网与农村金融服务的关系，显示了中央对农村网络金融的高度重视。

新希望集团[②]是我国农业产业化的重点企业之一，其同样认为"互联网+农业"是大势所趋，因为农民的数量大和农业的基础坚实两大条件无可争辩，如若能借助这一优势，必然能极大地开拓公司的主营业务以及互联网金融业务。

为此，新希望集团专门在天津注册了金融保理公司，希望能够推动养殖业和食品业的网络化发展。新希望集团本身在产业链上的优势就十分明显，

① 金正大集团：成立于1998年，是一家集科研、生产、贸易于一体的生态化工集团公司，主要从事复合肥、控释肥、叶面喷施肥料、生物有机肥及土壤改良剂的科研开发和生产经营。

② 新希望集团：中国最大的饲料生产企业，中国最大的农牧企业之一，拥有中国最大的农牧产业集群，是中国农牧业企业的领军者。1982年，由刘永言、刘永行、陈育新（刘永美）、刘永好四兄弟创建。

依托这样的优势，新希望集团与线上进行融合来发展自己的互联网业务，其根据不同的养殖户所承担的不同风险来实行不同渠道、不同风险的资金注入，从而降低了养殖户所承担的风险以及融资成本。

3. 农业信息化

农资龙头的成长空间是巨大的，其中一个重要的原因就是农业信息化的不断发展。不少商家都抓住了这一重要的信息点，大力介入农业物联网、农业地理信息系统等领域中，为此注入了大量的资本。

比如芭田股份[①]，在2015年的10月便启用了资金4000万以及部分股份来介入这一领域。同样不甘示弱的还有新梦想集团，已经通过对各大养殖场进行不同的数据分析与比对，提出具有针对性的发展方案并积极实施。

“互联网+”创造农业新模式

改造旧模式固然是必经的一个环节，但“互联网+”更多的是在创新，创造新型农业发展模式。“创新”原本就是当今时代的核心词语，对于创业者来说，“互联网+”无疑给人们提供了更多的创业契机。

与传统农业形成鲜明对比的是高端农业。现如今土地资源、水资源等都十分紧张，加之人们对食品安全的问题日益关注，因此发展以互联网技术为核心的农业被许多人认为是未来农业的发展方向。

但是相较于传统农业，高端农业的发展所需技术条件较为苛刻，成本投入也更大，经过层层累积，最后的价格可能会让消费者望而却步，因此销售又是一个问题。所以，如何尽最大可能地削减中间成本以压低价格，是高端农业所要关注的核心问题。

在解决途径中，创新销售渠道无疑是不错的方式，比如通过微信平台，由厂家直接销售，出厂价和售价相同，免去了中间店铺等一系列费用。而且，这样的方式比较便捷，还能够通过微信这个平台进行品牌宣传。

这里有一个例子便是青年菜君[②]，其以半成品的生鲜销售为主营方向，客户可以通过网络进行预订，而后在线下的营销点进行自提，这样就省去了中

① 芭田股份：成立于1989年7月21日，公司主营业务为复合肥产品的研发、生产和销售，主要包括无机复合肥、有机复合肥、控释肥等。

② 青年菜君：半成品生鲜电商。2015年3月，获平安创投、真格基金和策源创投三家机构数百万美元的第三轮融资。

间的物流费用，节约了成本，而且有利于增加与客户的信任度。此外还有光和生态农场等，都在创新发展模式，以尽量缩减成本，使“互联网+”的模式得到最优化利用。

一直以来，传统农业都在寻求一个更加科学的发展模式，努力创新发展途径，其中一个比较棘手的问题便是中间环节太过烦琐导致成本无法压缩，而互联网的新技术恰好解决了这个问题，把众多中间环节搬到线上，省去了线下的许多操作。在互联网的推动下，农业商业模式正发生巨大的变化，从事涉农互联网的创业者在未来将得到投资者的更多关注。

第三节　互联网农业的时代悄然到来

2009年，“网络三剑客”之一的丁磊开始了其“第三代养猪模式”的探索；2011年，京东的当家人刘强东开始“不务正业”种植大米；2013年，备受瞩目的“褚橙”“柳桃”纷纷上市；2014年，乐视宣布进军农业，并落户山西生态农业基地……可以说，这几年农业受到互联网大佬的青睐，已经“遍地开花”。

另一方面，从2013年十八届三中全会到2015年的中央一号文件和“两会”，有关农业的政策红利不断下发，困扰农业发展的土地流转问题等得到解决，互联网农业的时代悄然到来。

农业1.0模式到4.0模式的跨越

纵观国内外农业发展的模式，我们可以大致将其归为以下几类：

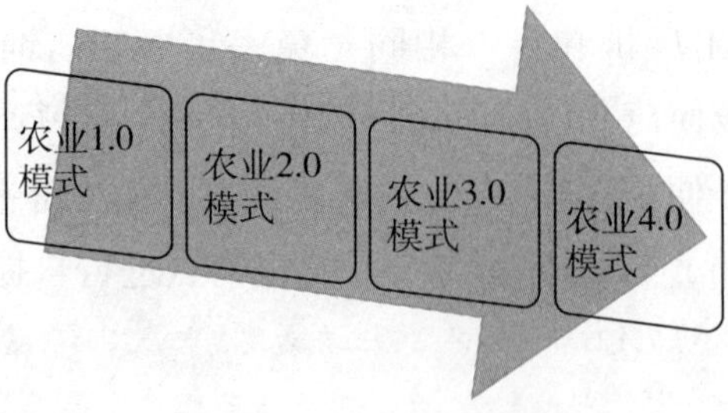

图1–3　农业发展模式变迁

★农业1.0模式：主要依靠体力劳动，以家庭承包责任制为基础；

★农业2.0模式：以大型机械农场的出现为标志；

★农业3.0模式：以高度自动化机械化精确生产为主要特点；

★农业4.0模式：与互联网相融合。达到高度智能化。

目前，欧美等发达国家和地区的农业发展模式已经从农业3.0模式向农业4.0模式进化，而我国农业的发展模式仍然以农业1.0模式和农业2.0模式为主。

落后的农业发展模式具有两个主要的弊端：一是制约了生产力的发展；二是阻碍了农业的流通体系。这在中央电视台播出的美食纪录片《舌尖上的中国》中有比较直观的体现，无数鲜美天然的食品由于生长在偏远闭塞的大山里，难以被大山外的人们所品尝。

而中国的农业要摘掉贫穷落后的帽子，就应该打破生产和流通的阻碍，改变农业的发展模式。随着相关政策的推进和互联网的发展，相比其他产业，农业更应该与互联网融合，实现从农业1.0模式到农业4.0模式的跨越。

农业互联网革命的两大领域

借鉴发达国家的农业发展模式，农业互联网革命主要体现在两大领域：

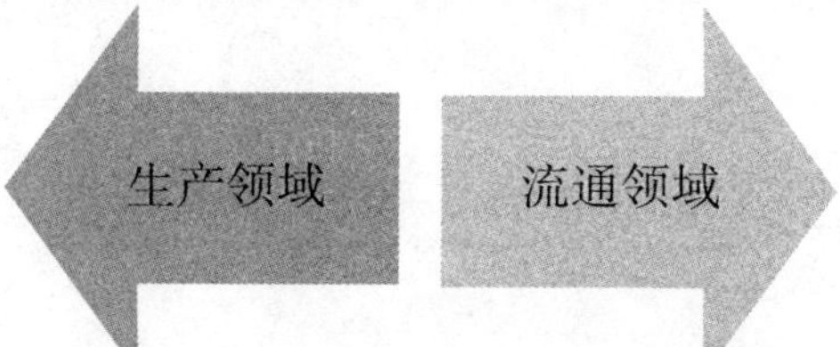

图1–4　农业互联网革命的两大领域

1. 生产领域

20世纪80年代，就已经在美国诞生了精准农业的构想；到20世纪90年代，美国的农业物联网获得了飞速的发展，在农业物联网的带动下，美国的精准农业达到了世界先进水平。根据调查资料显示：美国的大型农场主要采用高度自动化的机械设备进行生产，农业ITO技术的普及率达到80%。

2. 流通领域

20世纪80年代，美国已经开始尝试发展农业电商；20世纪90年代，互联网浪潮兴起以后，美国的农业电子商务随之崛起，带动了整个农业在经营效益上的改善。

相比美国，中国农业互联网的发展虽然相对滞后，但具有更诱人的增长空间。

互联网对农业的渗透，主要体现在对四大基本要素的改变上：

★劳动力。互联网与农业相互融合后，农业生产的劳动力将由面朝黄土背朝天的农民，转变为具备现代经营理念、掌握先进技术和知识的互联网新农人。

★劳动工具。互联网与农业相互融合后，农业生产的劳动工具就不再是传统的机械和农具，而是以物联网为基础的智能机械。作为互联网的延伸，物联网能够自动对农业生产过程中涉及的温度、土壤、空气、水分等进行调节，最大限度地提高农业生产的效率。

★劳动对象。虽然互联网与农业相互融合后，农民劳动的对象仍然是土地，但土地的状态发生了实质性的变化，不再是零散无序的状态，而转变为更加集中适合规模化经营的土地。

★劳动成果。随着劳动力、劳动工具和劳动对象的变化，劳动的成果也会由依靠农药等产出的不健康的农产品，转变为产量更高、质量更好的无公害产品。

农业互联网革命的两大驱动力

1. 顶层设计和政策红利

近几年，随着互联网的快速发展，多个行业都搭上了互联网发展的“顺风车”，而农业作为我国经济发展的命脉，也迫切需要互联网为其注入新的活力。

从近几年政府下发的与农业发展相关的一系列文件中可以看到：互联网已经成为解决农业问题的重要手段，在有关农业的顶层设计中，互联网的地位正在逐步提高。

实际上，与农业发展相关的很多因素，比如：信息服务、农业综合服务平台、农业科技创新、农业信息化、电子商务、物流等，都与互联网有着密切的联系。有关“互联网+农业”的顶层设计已经越来越清晰，而与“互联网+农业”相关的政策红利也越来越多。

★中央一号文件《关于加大改革创新力度加快农业现代化建设的若干意见》中明确提出：“创新农产品流通方式，支持电商、物流、商贸、金融等企业参与涉农电子商务平台建设，开展电子商务进农村综合示范。”

★交通运输部同农业部、供销合作总社、国家邮政局联合印发的《关于协同推进农村物流健康发展、加快服务农业现代化的若干意见》中明确要求：加强邮政快递、供销、交通运输等农村物流基础设施的衔接，完善农村物流基础设施网络体系；根据当地的实际情况，建设包含快递配送、再生资源回收、日用品分拨配送、农资及农产品仓储、客运服务等功能的农村综合运输服务站。

2. 互联网产业

政策红利提高了农业领域的吸引力，使得大量新兴的创业公司投身到互联网与农业的融合中，进一步促进了互联网农业的发展。

在众多的新兴企业中，既有农产品电商，也有农产品溯源管理、农业智能化机械制造和农业物联网系统研发和集成企业。

高科技企业生产的物联网系统能够极大地带动农业生产，尤其引人注目。例如：奥地利一家企业推出的农业物联网系统，不仅能够自动地采集信息、实时监测，而且成本极低，能够覆盖的范围比较广泛。目前该系统在国内也已经投入使用，前景十分广阔。

而农产品电商的表现也非常活跃。在京东、阿里巴巴等电商巨头的带动下，农业互联网的双向流通都已经逐渐成形：一方面，城里的消费品能够更加顺畅地进入农村；另一方面，来自农村的丰富的农产品也可以及时向外输送。由于拥有人才、技术、资金等丰富的资源，电商巨头与政府和地方企业的合作也逐渐增多，不仅激活了农村的电商生态系统，而且增加了农村地区的就业，提高了农民的收入。

“互联网+农业”迎布局良机

目前，我国的经济结构正面临调整，经济的整体增长速度也基本放缓，居民的消费需求已经发生了变化。农业作为我国经济的主要支柱，迫切需要改变粗放型的生产方式，与互联网技术进行整合升级。

对农业来说，互联网不仅能够提升农业的信息化运用，而且可以打通农业发展的物流链、资金链，更新销售的渠道，拓展农业的下游消费。

在这样的背景下，不管是互联网巨头还是农资公司，都已经加快了布局互联网农业的步伐。

★互联网巨头方面的布局，最重要的一方面在于电子商务。例如：京东已经与陕西省长武县政府等订立了战略合作协议，计划从多个方面推进农村电子商务的发展；而阿里巴巴的“淘宝村”“淘宝镇”也变得越来越密集。多个村级服务站都已经挂牌运作。

★农资公司布局的主要方向包括三个：农业信息化、农村互联网金融、农资电商。其中，农业信息化方面的代表是芭田股份，其已经通过入股金禾天成的方式投入农业地理信息系统、种植业投入品平台、农业移动互联应用、农业物联网、农业大数据等领域，并开始探索农业信息化方面的产品组合；农村互联网金融方面的代表是大北农，其农信网便是提供P2P、小贷等金融服务的；农资电商方面的代表是金正大，其布局已经比较成熟和完善。

第四节　农业板块的新机遇

2015年的中央一号文件继续聚焦“三农”问题，足可见中央对其的重视。

农业互联网的时代已经悄然到来，尤其在国外发达国家，互联网已深入到农业产业链的各个环节，以网络资源等优势给农业以强大的技术支持。

“互联网+农业”是未来发展趋势

众所周知，美国向来是大农场机械化和互联网联合生产，其所用到的人力资源要远低于我国。举例来说，在美国，一个种植7万亩玉米的家庭农场，整个环节下来只需要3个人，而在我国黑龙江，仅种植这一环节就需要多达1000人，差距明显的同时意味着互联网农业在我国有着巨大的发展空间。

相较于发达国家，我国的农业产业信息化还处于发展的初级阶段，技术方面还不是很成熟。但由于我国政府对网络科技发展的重视和支持，使我国即将步入农业信息化建设的飞速发展时期，其契机主要有以下两个：

第一，政府不断出台相关政策来鼓励农业信息化的发展，这对其产生了刺激作用。在2011年，国务院出台了《全国农业农村信息化发展“十二五”规划》，此后连续四年，中央一号文件都提到了农业信息化的问题。

第二，农村信息化基础设施不断完善，互联网不断深入覆盖，电商平台的建立也帮助农民进一步了解了互联网的巨大价值，这为农业信息化的理念在农村的传播打下了坚实基础。信息渠道的畅通和基础设施的逐渐完善为农业信息化提供了条件。拿电商平台来说，仅在“十二五”期间，农村电商就从不到1000家增加至6000家，此外在淘宝上农业产品的销售额也呈递增趋势，这充分说明电子商务的概念已经被农民所普遍接受，互联网思维开始在农村市场上活跃开来，在很大程度上推动了农业信息化的发展。

2015年3月16日，中央电视台新闻联播对“互联网+农业”进行了报道，报道中提及了物联网、电商、大数据等由互联网催生的新生名词，并说明这类互联网技术正与农业不断进行结合，为我国传统农业的改革注入新鲜血液，农业商业化有望在这种模式的带动下早日实现。

互联网思维席卷农业领域

互联网思维正以其先进的理念迅速深入我国各个行业，传统的农业领域也可见其身影。从农业整条完整的产业链来看，每一个具体的环节互联网都或多或少地有所涉足，比如农资销售、土地流转、农产品销售等。互联网正从细节上来发挥提高农产品种植效率，优化产品品质，拓宽销售途径等作用。

就国外发达国家而言，互联网与农业的融合已趋于完善，其对农业产业链进行了全方位、立体化的改造，提高了农业生产的整体品质。

对于国内来说，我国农业还存在不少问题，其中粮食安全和食品安全的问题尤为突出。粮食安全方面，我国耕地面积呈减少趋势，粮食总产量相应降低，不仅如此，农民的数量不断降低并呈现老龄化的趋势。种种不利因素导致我国农产品对外的依附度不断加大，本土生产力遭遇“瓶颈”。食品安全问题更是经常登上各大新闻的头条，使得民众对于食品安全的信任度降低，种种因素都十分不利于农业的发展。

针对这些问题，2015年中央一号文件提出要提升农产品质量和食品安全水平，锁定“三农”新定位，明确了“强富美”三大方向，把粮食安全和食品安全放在重要的位置。

为了尽早解决农业发展存在的问题，我国正在实行关于土地制度和经营体制的深刻变革。家庭合作社、私人农场等农业经营新主体的规模不断扩大，土地流转的速度不断加快，使得农资服务商的运行模式亟待改变，因此，许多企业把目光转向了互联网，借助网络资源和技术实现优化转型。

“智慧农业”凸显重要价值

农业是一个基础性的大产业，生产总体规模大，长久以来所储存的资金底子雄厚，所以一旦它进行升级改造，对于信息化的需求将是惊人的。

农业信息化贯穿于农业产业链的各个环节——资料流通、生产管理、产品流通等，所以整个产业的规模决定了信息化发展的广阔程度。

2013年，我国农林牧副渔业生产总值超过9万亿元，这样庞大的生产基础无疑为农业信息化提供了难以估量的发展前景。

传统农业的升级改造无疑是一场长期而艰巨的革命，而在这场革命中，农业信息化是不可缺少的支撑和动力。无论是未来土地确权市场、精准农业市场还是农产品追溯体系市场，农业信息化都将有巨大的发展空间。尽管农业信息化在这几个环节中刚刚起步，但其前方的道路是无比宽阔的。不少公司正是认准了这条路的前景，纷纷追随农业信息化的脚步早早起步，这些公司有望在竞争激烈的发展浪潮中占得先机。

2015年，中国大种植业板块股权投资迎来了发展的新时期，呈现出黄金增长的趋势。我们推测，在未来“土地、化肥、种业、农药、农机”五位一体的农资综合服务平台很有可能会孕育出一批优秀标的公司，这些公司的估值将达到千亿元。

前景广阔的生物农业

农业的发展也受到科技和工业发展的影响。在进入大工业化以后，化学产品逐渐被应用到农业当中并产生了重要影响，如化肥。我们不可否认，这些化学产品在提高产量等方面做出了巨大的贡献，但随着时间推移，其造成的不良影响也日渐凸显出来，比如土地生产力降低、水源污染、产品有害物质含量超标等。目前，生物技术受到农业专家的青睐，他们在考虑如何加快促进生物技术与农产品的融合，在保证农产品的产量和质量的基础上尽可能降低生产成本、减少污染。

具体来说，生物农业又细分为三个子行业，都分别面临着新的发展机遇：

1. 生物育种技术

我们所熟知的转基因技术引起了激烈的讨论，其核心问题便是食品健康安全问题。就目前形势来看，转基因生物技术的实施和运用是大势所趋，尤其是转基因的商业化，在发达国家中已经加速发展。

2. 生物肥料板块

上面提到，化肥在农业生产中起到了至关重要的作用，但化肥的危害显而易见——土地肥力下降、水污染、大气污染、农产品质量下降等。我国单位面积化肥的使用量为437千克／公顷，几乎为发达国家的两倍，找到一种新肥料来代替化肥便显得尤为迫切。提高肥料使用率和减少废料的污染是未来发展的趋势，而生物肥料则很好地满足了这一条件，代表产品如缓控肥、微生物肥、有机肥等。

3. 动物疫苗行业

我国的动物疫苗行业已经走得很远了，但在未来其势必要进行三个方面的变革：第一，销售渠道上，由政府招标苗向市场苗演变。历史上政府招标起到过积极的作用，但在市场经济高度发展的今天已凸显出严重的弊端。第二，在工艺方面将进一步升级，以更加国际化的标准严格要求。第三，营销模式朝着一体化的方向发展。

“智慧农业”的布局

什么是智慧农业？所谓与现代紧密结合的“智慧”，无非是指现代信息技术成果，具体来说有物联网技术、音频技术、无线通信技术等。放到农业上，是指专家通过可视化远程技术对农业的各个环节进行监控和操作，对于可能出现的灾害以及其他紧急情况做出及时乃至提前的应对措施，利用此类先进技术从根本上解决粮食安全和食品安全两大基本问题。

就目前的情况来看，投资农业板块还是一个新领域，因此了解农业产业链上的某些公司是如何与互联网进行融合的，对于未来投资方向的把握有很大参考价值。

★就肥料生产这一环节来说，最具代表性的莫过于芭田股份。该公司以收购金禾天成20%股权的形式参与到了农业信息化的领域，使传统的复合肥向农资综合服务平台转变。金禾天成此前已经积累了大量的种植业生产大数据，在此基础上，对数据进行分析建模，可以类比建立出一个完整的信息分析处理系统，经过了大规模的数据收集后继而逐渐摆脱这一模式，朝着指导种植业生产实践转变。这一进步为我国“智慧农业”提供了最有价值的服务。

★在农业IT服务领域，农村信息化是值得关注的点，神州行就由此出发，进一步完善“智慧城市+智慧农村”布局。中农信达在农村信息化领域已经发展了十余年，有着十分丰富的经验和广阔的市场，实力和专业性极强。神州行收购了中农信达，希望借此机会尽快融入农地确权和农村信息化市场，使战略布局进一步扩大，产业链也更加完善。

第五节　互联网农业模式的优势

“三农”问题多年来一直备受人们关注。随着时代不断向前发展，传统农业的发展遭遇了种种“瓶颈”，要想有所突破，必然要改变发展模式。互联网恰恰凭借其强大的流程再造能力，给农业注入了新鲜的活力。

互联网的思维方式是系统化的，同时也具备网罗信息资源、搭建优质平台的能力，其与农业的结合可以对农业进行一个系统的产业优化升级，从产业链的每一个具体环节入手，注入现代理念，最终突破农业发展的“瓶颈”，形成符合时代发展潮流的互联网农业模式，其优势主要体现在以下五个方面：

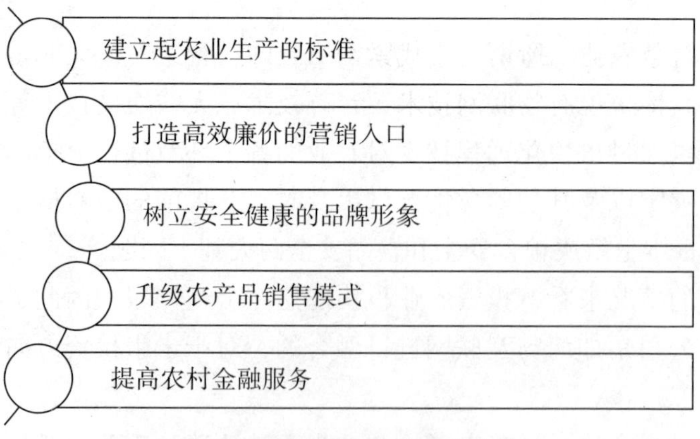

图1-5　互联网农业的五个优势

建立起农业生产的标准

以往的农业生产往往没有标准，多数流程都是靠农民自己的经验进行操作，这样带来的不稳定因素太多，比如温度、光照、降水、土壤等环境参数，一旦出现偏差就会带来难以估量的损失。而且，人工操作的效率太低，不足以满足大规模的生产需要。于是，"智能农业"这一理念便应运而生。

所谓"智能农业"，其核心便是物联网在农业生产中的应用。这种技术可以把农业生产中的诸多因素通过无线传感器进行实时采集，然后及时迅速地将信息进行整合，从而做出精确判断，来决定相关农业设备是否开启。这样便极大地提升了效率，降低了有价资源的损耗。

另外，物联网可以从生产这个环节对农业进行彻底的改造。虽然目前这种方式还未流行，但在未来必然会成为一个发展趋势。

打造高效廉价的营销入口

营销是互联网最常用也是最擅长的手段，网上的营销模式层出不穷，如体验营销、服务营销、饥饿营销等。营销，换句话说就是利用客户的消费心理来推销商品。

对于农业来说，互联网营销最大的优点便是成本极低，通过移动信息工具等人口，可以建立多种多样的营销入口，比如微信、微博、QQ等。互联网通过此类入口可以在客户与行业之间搭建桥梁，并且是相当受消费者信任的桥梁。

此外，营销打响品牌的能力也不容小觑。最令传统农业头疼的一个问题就是品牌问题，缺少品牌效应，农产品的附加值就上不去。而营销借助互联网产生了极大的推广效应，因为成本低，所以宣传的覆盖率就可以极尽所能地扩大。苹果品牌"潘苹果"为什么能迅速蹿红？其中营销的力量功不可没。

农业若要建立高效廉价的营销人口，切不可盲从，需要遵循以下几条原则：

★不能泛化营销。任何产业都有自己的潜在客户，这些客户就是销售的重要目标。整合数据精确定位，这是农业营销的第一课。

★质量与服务并重。狠抓质量，再加上利用客服保持与客户的紧密联系，营销才能起到应有的作用。

★适当控制产业链。不贪多也勿狭隘，既不能试图覆盖整个产业链的经营，也不能只着眼于其中的一个方面。合理分配，优化利用，生产环节中严把质量关与产品标准化生产结合才是最重要的。

树立安全健康的品牌形象

食品安全问题广受关注，人们对食品安全的信任呈降低趋势。如何重拾客户的信任，是传统农业亟待解决的问题。

要想使人们恢复对农产品的信任，最直接的办法便是恢复农产品生产链条的透明化。这在传统农业中几乎是一个不可能完成的课题，但互联网农业却以其强大的线上交流模式弥补了这一缺陷。

可追溯系统是从食品行业中延伸出来的，人们可以通过一个小小的二维码实现对整个生产过程的追溯，包括耕种地点、生长环境、采摘日期等，这样便实现了产业过程的透明化。当然，其实现还需要互联网的支持。

由此一来，人们因为了解得多，信任感自然增强，再加上权威机构给予肯定认证，安全健康的品牌形象便可以建立起来。

升级农产品销售模式

目前，电商平台的发展为我国农产品的销售提供了更加便捷的途径。在此之前，农产品生产规模小，与大市场的对接有困难，加之农产品从种植到收获需经历一定时间，受气候等不可抗因素影响大，因此“卖难”现象时有发生。

电商平台的建立则直接拉近了消费者与生产者之间的距离，使地域问题对农产品的影响相对削弱。距离的缩小意味着成本的降低，从而压低了商品的最终价格。价格降低，销售成本减少，销量增大。企业的利润当然也就随之增长。正如新华社特约经济分析师马文峰所说：“企业能做大的，都是流通环节所减少的。”

此外，电商平台清货的能力也是可圈可点的。2013年11月25日，“淘宝网·特色中国海南馆”（由海南省农业厅和阿里巴巴集团联合打造的电商平台）正式上线，仅椰子饭便销售掉了以往线下全海南岛一年销售量的63%，成果显著。

不仅如此，互联网一个极大的优势就是可以利用强大的数据分析帮助农业生产定位客户群，分析客户的需求，这使得生产具有了一定目的性，达到利润的最大化。

提高农村金融服务

金融问题一直是经济发展的核心问题，农村金融的服务却一直未能跟上经济发展的脚步，不能够满足村民的需要。

目前农村金融产品种类较为单一，供给方面不足，虽然金融机构创新的脚步从未停止，比如2000年以来，中国人民银行和银监会鼓励涉农金融机构展开小额信贷、村镇银行等方式多样的金融产品及服务的创新，但是由于受地域问题、产业结构等多方面因素的限制，原来存在的问题依旧比较突出，创新之路还很艰难。互联网农村金融服务在未来还有很长的路要走，具体来说主要是以下两个方面。

1. 小额信贷

小规模的经营者是农村小额贷款的主要服务对象，如零食零售、餐饮业等。这类贷款业务数额不大，且相对较为分散，但优势在于资金安全问题与大规模贷款相比更加有保障，也更能吸引贷款者的目光。

更为重要的是，随着农村城镇化的脚步日益加快，越来越多的农村城镇化，对银行的需求会更大，银行的数量将不断增加。

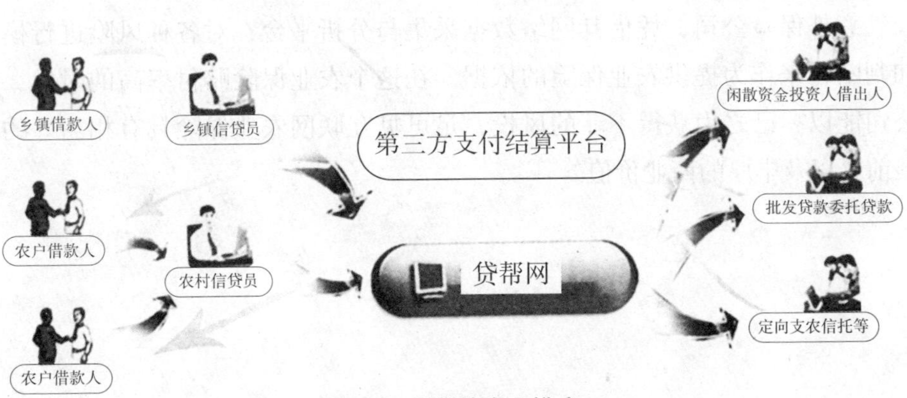

图1–6　贷帮的商业模式

P2P贷款公司在农村发展良好，最引人注目的莫过于贷帮，它被称为首家银行资金监管平台。贷帮通过互联网来出借资金，但具体的贷款业务是在线下进行，这样可以确保贷款人资金以及信息的安全。贷帮的贷款程序十分严格，不但会对贷款人的资质进行亲自上门审核，而且还在各地农村开设办事处，并规定贷款者与当地办事处的路程不得超过半个小时。

贷帮成功利用互联网外加自己的风控体系对贷款人进行审核筛选，建立起了对接交易的商务模式。

2. 农业保险

自古以来，农业生产的成败便与自然环境息息相关，与之相应的，农业生产者们从投入生产那一刻起便承担着自然和经营两方面的风险。现在，规避风险最有效的方式便是入保。

从大体上来说，保险的形式有两种，一种是政策保险，另一种是商业保险。虽然我国素来重视农业发展，政策上对农业的保障从未有过间断，但是仅凭政府之力是远远不够的，因此商业保险必不可少，而政策给予商业保险的补贴也能减轻农民投保的压力。2007年到2012年，我国农业保险的收入达到600亿元，市场活跃度仅次于美国。

但农业经营存在着风险大、赔率高的特点，之前许多保险公司在这一方面做业务开发的积极性不是很高，直接导致了农业保险种类单一，主要是小麦、玉米、棉花三种农作物。

而现今，借助互联网强大的数据流进行分析，对各种可能出现的灾害等问题进行网络模拟，便可以使农业保险赔付率大为降低。例如，美国加州的天气意外保险公司，凭借其网络数据采集与分析平台，对各种风险进行模拟和判断，来作为提供农业保险的依据。在这个农业保险赔付率高的时代，该公司能以一己之力获得不菲的风投，足可见互联网农业保险具有相当好的发展前景以及丰厚的商业价值。

第二章

从传统农业到现代农业

第一节　农业与现代农业

农业属于第一产业，是支撑国民经济建设与发展的基础产业，以有生命的动植物为主要劳动对象，以土地为基本生产资料，依靠生物的生长发育来取得动植物产品的社会生产活动。由于各国的国情不同，农业包括的范围也不同。狭义的农业仅指种植业或农作物栽培业；广义的农业包括种植业、林业、畜牧业、副业和渔业。有的经济发达国家，还包括为农业提供生产资料的前部门和农产品加工、储藏、运输、销售等后部门。现阶段，中国农业包括农业（农作物栽培，包括大田作物和园艺作物的生产）、林业（林木的培育和采伐）、牧业（畜禽饲养）、副业（采集野生植物、捕猎野兽以及农民家庭手工业生产）、渔业（水生动植物的采集、捕捞和养殖）。根据生产力的性质和状况，农业可分为原始农业、古代农业、近代农业和现代农业。

现代农业指广泛应用现代科学技术、现代工业提供的生产资料和现代生产管理方法的社会化农业。农业的根本特点是经济再生产与自然再生产交织在一起，受生物的生长繁育规律和自然条件的制约，具有强烈的季节性和地域性；生产时间与劳动时间不一致；生产周期长，资金周转慢；产品大多具有鲜活性，不便运输和储藏，单位产品的价值较低。中国幅员辽阔，从南到北跨热带、亚热带、温带和寒温带，农作物类型和作物栽培制度不同，从一年三季、一年两季到一年一季，区域间差异十分显著。农业是人类社会赖以生存的基本生活资料的来源，是社会分工和国民经济其他部门成为独立的生产部门的前提和进一步发展的基础，也是一切非生产部门存在和发展的基础。国民经济其他部门发展的规模和速度，都要受到农业生产力发展水平和农业劳动生产率高低的制约。

第二节　现代农业与传统农业

世界农业发展史的简要回顾

农业生产的形成和发展在世界各地经历了不同的过程，其基本历程是由几个农业起源中心（西亚、东亚、中美洲），沿不同的路线向世界各地传播，并与各地的自然和社会经济条件相结合，逐步发展成为各具特色的农业生产特点和类型。世界农业发展史历经原始农业、传统农业和现代农业三个时期。

人类最早是靠采集和狩猎为生。在旧石器时代晚期和新石器时代开始人工驯养动物，种植粮食，标志着原始农业阶段的开始。

人逐步学会简单地改良土壤，并开始利用动物作为劳动力的补充，以后由原来的石头工具逐渐开始使用简单的金属制作农具，开始积累农事经验，并出现初期技术研究。这标志着人类开始进入传统农业阶段。世界传统农业始于西方古希腊到古罗马时期①，中国传统农业始于春秋战国到秦汉时期②。

17世纪后期，世界人口大增，在这种需求变大的情况下催生了传统农业的变革，同时，工业的发展对粮食的需求剧增，这些需求推动下传统农业发生了变革。20世纪初，动力机械和人工合成化肥应用于农业生产，形成了由工业提供大量物质和能源的现代农业雏形。第二次世界大战以后，凭借现代科学技术的发明创造，现代农业进入快速发展期。到20世纪60年代，西方发达国家实现了由传统农业向现代农业的转变。

发达国家传统农业向现代农业的转变

提传统农业向现代农业转变，就不得不提到诺贝尔经济学奖获得者——美国著名经济学家西奥多·舒尔茨。他在《改造传统农业》中提到，改造传统农业的关键是要引进新的现代农业生产技术要素。技术进步可以使农业生产成本下降，从而使农业成为新的经济增长点。舒尔茨认为改造传统农业的途径一是制度建设，用制度保证由传统农业向现代农业的转变；二是引进现代生产要素，以需求和供给为依据；三是教育农民，进行人力资本投资。

现代农业与传统农业的区别

传统农业单纯依靠农业内部物质循环，现代农业以科学技术为强大支

① 邹德秀. 世界农业科学技术史［M］. 北京：中国农业出版社，1995.

② 刘旭. 中国作物栽培历史的阶段划分和传统农业形成与发展［J］. 中国农史，2012（2）：3–16.

柱，以现代工业装备为物质条件，是依靠大量现代工业装备和现代物质投入的、开放的高效农业系统。从发达国家的实践看，现代农业主要有四个特点：一是以工业化带动农业现代化；二是机械动力替代人（畜）力、以信息技术控制来代替人工操作；三是城镇化促进农业劳动力的转移，而农业劳动力的减少和非农产业的扩大，又推动城镇化向更高水平迈进，从而加快了城乡经济的协调发展；四是以农业机械化带动农业劳动生产率与土地生产率的不断提高。

现代农业以产业化为重要途径，伴随着市场经济的发展而发展，通过多种形式联合起来，实现产业化生产、一体化经营，使农业生产呈现专业化、规模化、科学化和商品化趋势。我国于20世纪90年代初提出了农业产业化经营的发展道路，这是符合现代农业发展趋势和要求的。在市场经济迅速发展、市场竞争十分激烈的情况下，家庭经营通过多种形式联合起来，实现产业化生产、一体化经营，使农业生产呈现专业化、规模化、科学化和商品化趋势，已成为现代农业发展的重要途径。农业是经济再生产与自然再生产交织在一起的过程，其发展既受自然因素的制约，也受到生物规律和市场规律的制约。鉴于农业具有明显的基础性、公益性、战略性，发达国家和一些发展中国家政府在现代农业发展的不同阶段，都采取一系列的有力扶持保护措施，在价格、信贷、税收、贸易、资源、科技、教育等方面制定相应的政策，推动了现代农业的全面发展。

现代农业的核心是科学化，特征是商品化，方向是集约化，目标是产业化。突破传统农业仅仅或主要从事初级农产品原料生产的局限性，实现种养加（种植业、养殖业、加工业）、产供销（生产、供应、销售）、贸工农（贸易、工业、农业）一体化生产，使农业的内涵不断得到拓宽和延伸。突破传统农业远离城市或城乡界限明显的局限性，实现城乡经济社会和谐发展。突破传统农业部门分割、管理交叉、服务滞后的局限性，按照市场经济体制和农村生产力发展要求，建立一个全方位的、权责一致、上下贯通的现代农业管理及社会化服务体系。突破传统农业封闭低效、自给半自给的局限性，立足全球，发挥资源优势和区位优势，实现农产品优势区域布局、农产品贸易国内外流通，使之有利于资源的合理利用、先进科学技术的推广应用、优质农产品标准化生产和现代管理手段的实际运用，不断提高农业的经济、社会和生态效益。

实现农业现代化的必要条件

现代农业是在现代工业和市场经济高度发达的背景下发展演变而来，市场机制的建立、科学技术的应用、相关产业的介入、现代要素的投入、服务体系的完善，是尽快完成我国农业从传统农业向现代农业过渡的必要条件。

1. 生产手段科技化

现代农业的发展与先进科学技术在农业领域广泛应用息息相关，是用现代科技成果改造传统农业的过程。传统农业的增长主要依赖于资源开发投入，所应用的“科学技术”多以农民世代相传的“经验技术”为主。现代农业阶段，科学技术已经成为推动农业发展的动力源泉。随着现代科学技术的发展，新的成果不断被创造出来并应用于农业生产，某一成果在现代农业的特定阶段对推动农业发展会产生“独特”的效果，成为该阶段现代农业的主导技术。如化学肥料技术、育种技术、生物技术在推动现代农业经历一段快速发展时期后，在如何使农业生产由定性走向定量，农业管理由经验走向科学，农业信息由闭塞走向开放的问题上力不从心。3S技术、农业专家系统、作物生长模拟系统、互联网与移动终端、物联网系统、大数据技术等信息技术开始广泛地应用于农业生产，极大地提高了现代农业的信息化程度，堪称完美地解决了上述难题。

2. 生产条件现代化

现代农业充分利用现代的物质技术装备农业，改变传统的、落后的农业生产手段。现代农业机器的广泛应用，使机械化、电气化的农业生产工具和设备代替了传统农业中人畜力工具和设备，从而降低劳动强度，提高劳动效率。现在一些发达国家的现代农业还出现了高度自动化、智能化和高度新技术化等变化，使农业生产力水平达到了空前的高度。

3. 生产要素投入集约化

现代农业主要是通过增加资本投入、适度集中生产要素和强化组织管理来提高农业效益和农民收入。集约化主要是指现代农业的增长方式由粗放型向集约型转变，即由单纯地注重数量和速度增长转变到提高质量和效益上来，更加重视可持续发展，更加注重依靠科技水平的提升和应用。

4. 生产组织产业化

现代农业的组织形式是产业化经营。现代农业以一体化的经营方式进行资源配置和利益分配，产前、产中、产后紧密衔接。农业产业化经营是以市场为导向，以利益为纽带，以农户参与为基础，以科技服务为支撑，实现产供销、种养加、贸工农一体化经营，拉长农业链条，形成有机结合的组织形式和经营机制。此外，由于现代农业改变了传统农业一家一户、自给自足的生产模式，农业生产经营主体也发生了变化。龙头企业、联户经营、专业大户、家庭农场、农民合作组织将逐步形成专业化、组织化、社会化的新型农业经营体系。

5. 资源配置市场化

在市场经济条件下，农业资源配置上，行政手段的淡化和市场功能的增强是现代农业的显著特征。农业生产类型的转变大都是在市场的拉动下自发产生的，政府仅进行宏观调控。农民从事农产品生产的主要目的不是为了自给自足，而是将农产品作为商品，进入市场流通，实现利润最大化。当然，纯市场化运作给我国现阶段农业生产的稳定带来了一定的困扰，同时盲目地追随市场也会给农产品市场带来大幅波动，“谷贱伤农”给农民带来损失。笔者认为，除国家粮食等的战略储备以及加大对农业的补贴外，国家应尽快创造条件退出粮食经营市场，并设法解决种粮成本高（土地流转租赁费用等）的问题，使我国的农业尽快进入良性循环发展，并提高国际竞争力。

第三节　现代农业与电子商务

电子商务与现代农业的结合

现代农业是以生物技术和信息技术为先导的、技术高度密集的科技型产业：现代农业信息技术是现代信息技术与农业科学相结合的新兴交叉学科，主要研究现代信息技术在农业领域应用的理论与方法，利用高新技术改造传统农业，为农业生产、经营管理、科学研究和技术推广提供新的思路、管理技术、试验手段和传播途径，促进传统经验型农业向现代精确型农业转变。农业信息化包括管理信息化、服务网络化、农作数字化、智能化和精准化。我国农业是传统的弱质产业，历来存在着生产经营分散、产品竞争力不强、流通环节多、交易成本高、标准化程度低等问题；面临小农户与大市场的矛盾，农产品流通已成为我国农业发展的致命弱点。如何建立一种市场信息流通、规范、高效的农产品流通新模式，已成为降低我国农产品交易成本，提高农业整体收益，保证农业持续稳定健康发展和促进农民增收的重大现实问题。而电子商务，作为一种以信息网络为基础的商务信息平台，为解决以上问题提供了较成熟完善的技术条件。

发展农业电子商务，可以解决农业信息畅通问题。我国农业结构存在的问题主要集中在信息问题、技术问题和产品管理、配送问题上，而信息问题最为重要。发展农业电子商务，可为物质能源产业的信息化改革服务，更好地促进其沿时代的方向发展，从而形成信息商务化、数字化。可以将农业生产的产前、产中、产后诸环节有机地结合到一起，解决农业生产与市场信息不对称的问题，可以帮助领导科学决策，指导生产者进行合理的生产安排，可以有效避免盲目发展带来的不良影响。目前，农业经济增长对物质投入的依赖趋于减少，而越来越依靠信息劳动，依靠人的智力和知识的投入。利用电子商务强大的网络功能，可以跨越时间和地域的障碍，使农产品供需双方及时沟通，使农业生产者能够及时了解市场信息，根据市场需求情况合理组织生产，以避免因产量和价格的巨大波动带来的效益不稳定，降低农业生产风险。

发展农业电子商务，可以解决制约农业发展的农产品流通问题，有利于拓宽农产品销售渠道。目前，我国农产品流通体系不仅在实现正常的产品流通上尚有问题，而且功能也不完善，更不能起到有效引导和组织生产的作用。农民虽然在多方面已经努力地去适应市场的需要，但在销售方面显然与市场经济的要求相去甚远，不能主动地选择最有利的市场去销售，而是被动地等待市场的选择。电子商务的发展无疑为解决农业发展中农产品的流通问题提供了广阔的空间，利用电子商务技术改造传统经济下的流通过程，形成由信息流、资金流、物流、商流组成的并以信息流为核心的全新的流通流程，推动农业的新发展。通过电子商务构建的网络商务平台，可以实现农产品流通的规模化、组织化。一方面，可以使交易双方处于信息对等的地位，避免了因信息不对称而造成的利益损失；另一方面，还提供了一种新的农产品销售渠道和方式，让供求双方最大可能地直接进行交易，可减少交易环节，降低交易成本。

农业电子商务的概况

1. 农业电子商务与电子商务

农业电子商务是“互联网+农业”的落地，是电子商务在农业领域的应用，既具有电子商务的内涵及特点，又具有农业的产业及行业特色。农业电子商务，从广义上说，就是指以农业生产为中心而发生的一系列的电子化的交易活动，包括农业生产的管理、农产品的网络营销、电子支付、物流管理以及客户关系管理等。农业电子商务是以信息技术和全球化网络系统为支撑，对农产品从生产地到顾客手上进行全方位管理的全过程。从狭义上说，就是农产品交易活动的电子化，通过构建电子商务平台，提供网上交易、拍卖、电子支付、物流配送等功能，主要从事与农产品产、供、销等环节相关的电子化商务服务。其内涵为：①农业商务信息化是农业电子商务的前提；②农业电子商务的核心是从事农业产业的人或组织；③农业电子商务所使用的是现代化的技术工具；④农业电子商务的交换对象是信息化的农业商品及其服务。

2. 农业电子商务为什么能带来增值

按照系统论的观点，整个农业部门可看作一个巨大的系统，这一系统可用“农业产业链”来进行描述。“农业产业链”是指与农业初级产品生产密切相关的产业群，它包括为农业生产作准备的科研、农资等产业群即农前部门；农作物种植、畜禽养殖等农中部门和以农产品为原料的加工业、储存、运输、销售产业群即农后部门。这三个部门构成农业大系统的子系统，其中农中部门的农产品生产是整个产业链的核心或基础。“农业产业链”上，链与链之间的连接或耦合形成了整个农业大市场体系。在我国这根农业产业链条上汇聚着5万农业产业化龙头企业，17万农村合作及中介组织，95万经营大户，240万农民经纪人。农业电子商务价值链是一条产业链，是一条供应链，是一条增值链。

产业价值链的存在，是以产业内部的分工和合作为前提的。专业化的分工可以大大提高效率，扩大价值增值流量：而合作是产业价值链中各个价值增值环节得以“链接”和连续的必要条件。电子商务的应用改变了传统价值链的各个环节，使得商务价值越来越建立在数据、信息和知识的基础上，从而由传统的实体价值链中分化产生出虚拟价值链。电子商务贸易方式突破了传统贸易以单向物流为主的运作格局，实现了“四流”一体，即以物流为依托，资金流为形式，信息流为核心，商流为主体的全新格局。农业电子商务价值链从产前部门经过产中部门到产后部门，应该进行整个价值链的整合，包括流程、技术、制度、观念等多方面的整合。利用电子商务强大的信息传播与沟通能力发挥信息流的核心作用，使得农业产业价值链各个节点能共享信息，互通有无，降低交流成本。

农产品产业价值链的物流有鲜明的行业特性，由于农产品的季节性、区域性、安全性、易腐性，使得整个价值链的敏捷性、协调性及合作性要求更高，只有突破价值链上各利益节点为自身利益最大化所设置的障碍，才能真正实现整个价值链利益最大化的目标。农业产业价值链的资金流的形式呈多态性，即资金以多种形式在时间和空间上并存，但在我国更多的以现金流的形式存在，由于农产品交易的风险性大，为了降低风险，更好地发挥资金流的形式作用，价值链上的资金流应出现更多更为合理的形式，如期货形式等。农业价值链上的商流是由进行交易的市场主体实施的，而市场交易主体的经济决策直接左右着商流的流动，农业价值链整个价值合理性的体现最终将由价值链的主体即农业电子商务参与各方决定。整个农业电子商务价值链的核心价值实质上取决于价值链主体的价值观念取向。因此，在电子商务这种新型市场环境下，农业产业价值链应完善传统实体价值链与虚拟价值链的交融与促进，使“四流”和谐流动，最终实现整个价值链的增值效用最大化。

3. 我国农业电子商务应用模式

电子商务应用模式最常见的是按交易主体类型进行划分，主要有三类：①B2B，即企业与企业之间的电子商务；②B2C，即企业与客户之间的电子商务；③C2C，即客户与客户之间的电子商务。在传统的农产品交易模式中可以找到类似的模式，我们暂且将传统交易模式与电子商务交易模式的这种对应关系称为传统农产品交易模式向农业电子商务环境下的平移。大型农产品批发市场类似于B2B，农产品专营店如农资、化肥、种子专营店类似于B2C，而农产品集贸市场则类似于C2C。

近两三年，随着电子商务行业竞争日益激烈，电子商务行业的应用模式在竞争中不断创新，出现了B282C、C2B或者O2O等新型电子商务应用模式。但从交易主体上来看，电子商务乃至商务的主体，依然是企业或组织即B和个人即C。就如前所言，农业电子商务的核心是从事农业商务的组织和个人。

第三章

现代农业

第一节　现代农业的基本特征和要求

党的十六大以来，中央就开始了全面推进“三农”实践创新、理论创新、制度创新的战略，党的十八大进一步提出了加快发展现代农业，增强农业综合生产能力的要求。加快发展现代农业，进一步增强农村发展活力是再创农村改革发展新辉煌的重要举措。发展现代农业是中央的重大决策，是历史发展的必然选择，具有十分重大的现实意义。

现代农业的概念与特征

1. 现代农业的概念

（1）现代农业的概念

现代农业是广泛应用现代科学技术、现代工业提供的生产资料和科学管理方法进行的社会化农业。它是在近代农业的基础上发展起来的以现代科学技术为主要特征的农业，是广泛应用现代市场理念、经营管理知识和工业装备与技术的市场化、集约化、专业化、社会化的产业体系，是将生产、加工和销售相结合，产前、产后与产中相结合，生产、生活与生态相结合，农业、农村、农民发展，农村与城市、农业与工业发展统筹考虑，资源高效利用与生态环境保护高度一致的可持续发展的新型产业。

（2）现代农业的内涵

现代农业是一个动态的和历史的概念，它不是一个抽象的东西，而是一个具体的事物，它是农业发展史上的一个重要阶段。

从发达国家的传统农业向现代农业转变的过程看，实现农业现代化的过程包括两方面的主要内容：一是农业生产的物质条件和技术的现代化。利用先进的科学技术和生产要素装备农业，实现农业生产机械化、电气化、信息化、生物化和化学化；二是农业组织管理的现代化，实现农业生产专业化、社会化、区域化和企业化。

①现代农业的本质是用现代工业装备的，用现代科学技术武装的，用现代组织管理方法来经营的社会化、商品化农业，是国民经济中具有较强竞争力的现代产业。

②现代农业是以保障农产品供给、增加农民收入、促进可持续发展为目标，以提高劳动生产率、资源产出率和商品率为途径，以现代科技和装备为支撑，在家庭经营基础上，在市场机制与政府调控的综合作用下，农工贸紧密衔接，产加销融为一体，多元化的产业形态和多功能的产业体系。

③现代农业处于农业发展的最新阶段，是广泛应用现代科学技术、现代工业提供的生产资料和科学管理方法的社会化农业，主要指第二次世界大战后经济发达国家和地区的农业。

2. 现代农业的特征

现代农业广泛应用现代科学技术、现代工业提供的生产资料和科学管理方法，具有以下几个方面的特征。

（1）现代农业具有较高的综合生产率

现代农业因广泛应用现代科学技术、现代工业提供的生产资料和科学管理方法，具有较高的经济效益和更强的市场竞争力等，从而具有较高的综合生产效率，包括较高的土地产出率和劳动生产率。这是衡量现代农业发展水平的最重要标志。

（2）现代农业具有可持续发展的特点

在现代农业条件下，农业发展本身是可持续的，而且具有良好的区域生态环境。广泛采用生态农业、有机农业、绿色农业等生产技术和生产模式，实现淡水、土地等农业资源的可持续利用，达到区域生态的良性循环，农业本身成为一个良好的可循环的生态系统。

（3）现代农业具有高度商业化的特征

现代农业的生产主要为市场而生产，具有较高的商品率，通过市场机制来配置资源。商业化是以市场体系为基础的。现代农业要求建立非常完善的市场体系，包括农产品现代流通体系。离开了发达的市场体系，就不可能有真正的现代农业。农业现代化水平较高的国家，农产品商品率一般都在90%以上。

（4）现代农业应用现代化的物质条件

以比较完善的生产条件，基础设施和现代化的物质装备为基础，集约化、高效率地使用各种现代生产投入要素，包括水、电力、农膜、肥料、农药、良种、农业机械等物质投人和农业劳动力投入，从而达到提高农业生产率的目的。

（5）现代农业采用先进的科学技术

广泛采用先进适用的农业科学技术、生物技术和生产模式，改善农产品的品质、降低生产成本，以适应市场对农产品需求优质化、多样化、标准化的发展趋势。现代农业的发展过程，实质上是先进科学技术在农业领域广泛应用的过程，是用现代科技改造传统农业的过程。

（6）现代农业采用现代管理方式

广泛采用先进的经营方式，管理技术和管理手段，从农业生产的产前、产中、产后形成比较完整的紧密联系、有机衔接的产业链条，具有很高的组织化程度。有相对稳定，高效的农产品销售和加工转化渠道，有高效率的把分散的农民组织起来的组织体系，有高效率的现代农业管理体系。

（7）现代农业由高素质的职业农民经营

具有较高素质的农业经营管理人才和职业农民，是建设现代农业的前提条件，也是现代农业的突出特征。

（8）现代农业采用现代经营模式

现代农业实现生产的规模化、专业化、区域化，从而达到降低公共成本和外部成本、提高农业效益和竞争力的目的。

（9）现代农业拥有完善的政府支持体系

现代农业的建立必须有与之相适应的政府宏观调控机制，有完善的农业支持保护法律体系和政策体系，从而能有效地推动农业持续、快速、健康发展。

3. 现代农业的要素

（1）用现代物质条件装备农业

现代农业的发展，需要以较完备的现代物质条件为依托，改善农业基础设施建设，提高农业设施装备水平，构成现代农业建设的重要内容。只有加快农业基础建设，不断提高农业的设施装备水平，才能有效突破耕地和淡水短缺的约束，提高资源产出效率；才能大大减轻农业的劳动强度，提高农业劳动生产率；也才能提高农业的抗灾减灾能力，实现高产稳产的目标。

（2）用现代科学技术改造农业

科学技术是第一生产力，依靠科学技术实现资源的可持续利用，促进人与自然的和谐发展，日益成为各国共同面对的战略选择，科学技术作为核心竞争力日益成为国家间竞争的焦点。随着社会经济的不断发展，促进农业科技进步，提高农业综合生产能力，提高农业综合效益和竞争力，成为加快推动现代农业建设的重要内容。传统农业由于科技含量普遍较低，生产经营效率低下，综合效益明显不足。因此，必须用现代科学技术改造农业，大力推进农业现代化建设，不断增强农业科技创新能力建设，加强农业重大技术攻关和科研成果转化，着力健全农业技术推广体系，从而有效提高农业产业的科技技术装备水平，为现代农业发展提供强有力的科学技术支撑，为农民增收、农业增效与农村发展创造更为有利的条件。

（3）用现代产业体系提升农业

现代农业产业体系是集食物保障、原料供给、资源开发、生态保护、经济发展、文化传承、市场服务等产业于一体的综合系统，是多层次、复合型的产业体系。现代农业的发展，需要将生产、加工和销售相结合，也需要将产前、产中与产后相结合，从而有效地促进现代农业的产业化发展目标的实现。用现代产业体系提升农业，成为现代农业发展的重要内容。在构建现代农业产业体系，推进农业现代化发展过程中，需要推进农村劳动力转移就业，壮大优势农产品竞争力，培植农产品加工龙头企业，打造农产品优质品牌等；同时，还必须进一步完善投入保障机制、公共服务机制、风险防范机制等保障机制建设，不断提高农业的产业化发展水平，为现代农业的产业化发展创造有利条件。

（4）用现代经营方式推进农业

现代经营方式具有市场性、高效性特点，有利于调动农业参与者的积极性与创造性，能大幅提高农业生产资料的运用效率，进而有利于增加农业产业的综合效益。现代农业的发展需要采用与之匹配的经营方式，集约化、规模化、组织化、社会化是现代农业对经营方式的内在要求。同时，党的十八大报告明确提出，要大力发展农民专业合作和股份合作，培育新型经营主体，发展多种形式规模经营，构建集约化、专业化、组织化、社会化相结合的新型农业经营体系。这为我国现代农业经营方式的选择确定提供了有效依据。构建集约化、专业化、组织化、社会化相结合的新型农业经营体系，大力培育专业大户、家庭农场、专业合作社等新型农业经营主体。发展多种形式的农业规模经营和社会化服务，是我国发展现代农业的必由之路。

（5）用现代发展理念引领农业

发展理念对现代农业产业发展产生着极为重要的影响。现代农业的发展需要先进的发展理念来引领。为此，现代农业的发展需要树立先进的发展理念：一是可持续发展理念。农业发展是关系国计民生的“大问题”，现代农业更代表着农业产业发展的主流方向，需要始终坚持可持续发展理念，积极采用生态农业、有机农业、绿色农业等生产技术和生产模式，尽最大可能实现经济效益、社会效益和生态效益的完美统一。二是工业化发展理念。要实现现代农业的跨越式发展，必须借鉴工业化发展模式，对农业实行“工厂化”管理与“标准化”生产，进一步延长农业的产业链，不断提高农副产品的生产效率与品质，有效增强农业产业的深加工能力，大幅增加农业产业的附加值。三是品牌化发展理念。商品品牌具有显著的品牌效应，是企业无形的宝贵资产。因此，现代农业发展需要牢固树立品牌意识，积极实施农产品商标战略，着力打造知名品牌，积极发展品牌农业、绿色农业。此外，现代农业发展还需要树立集约化发展理念、全局协同发展理念等，以满足适应社会经济现代化的发展需要。

（6）用培养新型职业农民的办法发展农业

我国是一个农业大国，但却缺乏职业农民。现有的传统农民已经明显不能满足现代农业的发展要求，新型职业农民的培养对我国农业的现代化发展极为重要。新型职业农民是指“有文化、懂技术、会经营”的以农业作为专门工作的农民，是农业现代化发展的主要实践者。为了适应现代农业的发展需要，党和政府高度重视新型职业农民的培育工作，并实施了一系列的措施和办法，希望尽快培育出新型职业农民，以满足现代农业的发展需要。2007年1月，《中共中央、国务院关于积极发展现代农业扎实推进社会主义新农村建设的若干意见》首次正式提出培养“有文化、懂技术、会经营”的新型农民，同年10月新型农民的培养问题写进党的“十七大”报告。2012年中央一号文件首次提出，要培育新型职业农民，全面造就农村人才队伍，着力解决未来“谁来种地”的问题；党的“十八大”明确要求构建集约化、专业化、组织化、社会化相结合的新型农业经营体系。因此，新型职业农民成为现代农业发展的关键性要素。

现代农业的内在要求

1．农民务农职业化

农民职业化，是指“农民”由一种身份象征向职业标识的转化。其实质是传统农民的终结和职业农民的诞生；职业化的农民将专职从事农业生产，其来源不再受行业限制，既可源自传统农民，也可源自非农产业中有志于从事农业的人。随着农业劳动生产率的提高，农村剩余劳动力将逐渐离开土地和农业，转变为工人和城市非农劳动者，而其余的小部分人则转化为新型职业农民。通过培训学习与实践，逐步实现农民务农职业化，从而有效地推动我国“四化同步”发展的进程，提高我国农业发展的现代化水平。这是我国农业发展的必然趋势，也是现代农业发展的内在要求。

（1）农民务农职业化有利于推进“四化同步”建设

农民务农职业化可以让职业农民安心钻研农业发展模式，精心选择农业产业，全力做好所从事的农业产业的发展工作。从而改变现有的农民兼有多种职业，从农不专业，从工无技术，常年处于“非农非工、非乡非城”的状态。同时，随着我国城镇化进程的不断加快，真正从事农业生产经营的人员或从现在的47%下降到20%左右。农村剩余劳动力将从农村转移出来，从现在的农民工转变成城镇工人或市民，这也可以促使他们安心钻研技术，集中精力开展创业经营。而留在农村的人能集中土地，开展农业的规模化、产业化经营，从而推进“四化同步”建设的顺利进行。

（2）农民务农职业化有利于提高现代农业发展水平

现代农业要求用现代的理念、现代的技术和现代的装备来武装农业，这既需要农业人员的专业知识，也需要农业人员的文化水平,并非传统的农民所能胜任。为此，实行农民务农职业化可以促进真正的农民学习农业知识，参加农业生产、经营的培训学习，激发他们的创业热情。这些经过培训的农民就是职业农民，他们必然是现代农业科技与设备的先行使用者，先进生产经营管理模式的践行者。只有这样的农民才能提高农业产业的生产效率，提升农业产业的产出水平，进而推进我国农业现代化的发展进程。因此，农民务农职业化有利于提高现代农业发展水平。

（3）农民务农职业化有利于新型农业经营主体的形成

我国未来农业的发展应当由新型农业经营主体来承担，这些新型农业经营主体表现为农民专业合作社、家庭农场、农业公司、种植和养殖大户。这些新型农业经营主体的组成人员一定不是传统的普通农民，他们是农民中的精英，他们是具有远见卓识的农民。可以设想，实行农民务农职业化就可以通过市场机制，把热爱农业、研究农业的人员吸引到农业队伍中来；一些对农业没有感觉、没有感受的农民就可以通过市场机制退出农业，通过另谋出路实现新的就业目标。而留在农业队伍中的人员，为了获得市场竞争优势，为了获得话语权，必然走向联合，从而促进新型农业经营主体的形成。

2. 农业产品品牌化

品牌即商标，通常由文字、标记、符号、图案和颜色等要素组合构成。在传统的农业生产中，人们习惯散装销售自己的产品，根本就不需要商标。随着市场竞争激烈程度的加剧，品牌成了影响产品价格的重要因素，品牌成了促进产品销售的重要因素。因此，农业产品品牌化成为现代农业的又一内在要求。

（1）有利于提高农业产品的知名度，获得品牌效益

随着现代生产技术与工艺的不断发展，同类企业所生产的产品在品质与性能等方面的差异化程度明显减弱。在激烈竞争的市场条件下，消费者选择商品更多关注的是产品的品牌，一个知名品牌往往能够吸引更多消费者的眼球。而且知名商品虽然在使用价值上和普通商品相差无几，价格还可能高出许多甚至数倍，但大多数消费者仍然选择知名商品。因此，无论是何种行业、哪种产品，产品品牌是企业极为宝贵的无形资产，其重要性都不可小觑。农业产品实行品牌化，可以给广大消费者留下深刻的印象，可以让更多消费者了解它、认识它、接受它，从而可以有效提高农业产品的知名度，为占据更大的市场份额、获取更丰厚的经济利益创造有利条件，进而促进农业产品品牌效益的实现。

（2）有助于增强农业产业的竞争力，赢得市场份额

在竞争日趋激烈的现代市场条件下，企业间的竞争其实就是市场份额的争夺，而商品品牌的知名度正是决定产品市场份额的关键。农业产品品牌知

名度越高，将意味着产品的市场竞争力越强，就越能赢得更大和市场份额。反之，一个没有品牌的产品，往往进不了超市或高档的市场，只能屈就农贸市场、街头港边，无论品质多好，都只是一种大路货。因此，农业产品必须走品牌化的道路。当然，知名的品牌也需要以优质的农产品为基础，要打造知名品牌，必须生产出优质的产品。农产品品牌的打造是一项长期工程，不但需要提高农业生产者的生产经营理念，而且需要优质的品种、优良的种植方法、独特的经营模式。同时，知名品牌的打造需要时间，只有长期的市场宣传、消费者评价，才有可能打造出知名品牌。

（3）有利于提升农业企业的影响力，获取发展先机

随着现代农业发展的不断推进，新型农业经营主体得到快速发展，国家投资在农业上的各种项目经费、补贴经费也每年递增。当然，要想获得这些经费也不容易，农业企业为获取项目经费，相互竞争的激烈程度日趋加剧。谁拥有“响当当”的知名品牌，谁就具有强大的影响力，谁就有可能获得国家的扶持，谁就有可能获得发展的先机，谁就可能在激烈的市场竞争中发展壮大起来。因此，农业企业的品牌化建设有利于提升企业的整体社会影响力，有利于增强企业的市场竞争力，从而为企业获取市场发展先机提供有效支持。

3. 农业经营集约化

集约化经营是指经营者通过经营要素质量的提高、要素含量的增加、要素投入的集中以及要素组合方式的调整来增进效益的经营方式。集约是相对粗放而言，集约化经营是以效益为根本，对经营诸要素进行重组，实现最小的成本获得最大的投资回报。集约经营主要用于农业，那么，什么是农业集约化经营呢？农业集约化经营指在一定面积的土地上投入较多的生产资料和劳动，采用新的技术措施，进行精耕细作的农业经营方式。由粗放经营向集约经营转变，是农业生产发展的客观规律，是我国现代农业发展的内在要求。

（1）农业集约化经营是实现农业持续性发展的迫切需要

我国农业仍然实行的是以家庭分散经营为主的经营方式，这种经营方式有利于调动经营者的积极性，但同时也表现出一定的局限性。一是由于经营规模有限，难以获取规模经济与规模效益；二是由于农业经济效率低下，大量农村青壮年外出务工，农村土地主要由妇女、老年人耕作，经营较为粗放，甚至“撂荒”现象不断。再过几十年，这些人再无体力种地，而青壮年

外出务工，“今后谁来种地”成为一种严峻的现实问题。中央对此问题高度关注和重视，并采取一系列举措培养新型农民，不断提高农业的集约化经营水平，以提高我国的农业经营水平。满足现代农业的发展要求，确保我国农业的持续快速健康发展。特别是通过培育新型农业经营主体，加大土地流转的力度，提高农业集约化经营程度，实现农业持续发展。

（2）农业集约化经营是实现农业产业化发展的基础环节

农业的产业化发展需要以农业的集约化经营为依托，需要以确定的市场供求信息为指向。否则，农业产业化将难以发展。多年来，我国已经致力于农业产业化发展的道路，但由于农业集约化经营没有跟上，严重影响了农业产业化的发展势头。“自给自足”的小农经营模式，由于经营规模有限，经营管理粗放，已经无法与市场进行对接，无法满足日益多样化与个性化的市场需求，无法在激烈的竞争中获得优势。因此，现代农业必须走集约经营的道路。同时，我国农业发展处于市场经济的大环境中，必须适应市场经济发展的要求，而市场经济就是竞争经济。竞争就必须具备优势才能取胜。而集约经营正是农业获得优势的重要途径。因此，要加速农业产业化的发展进程，必须加速土地流转，实施农业集约化经营，以便为农业产业化奠定坚实基础。

（3）农业集约化经营是推进现代农业建设的客观要求

现代农业是一项复杂的系统工程，由诸多要素所构成，最基本的要素至少包括现代物质条件装备、现代科技、现代经营形式、新型农民、机械化、信息化等。在这些要素中，最核心的要素有两点：一是必须具备现代农业的经营方式，即农业的集约化经营：二是必须拥有现代农业发展的主体，即既有知识技术又懂经营管理的新型职业农民。只有在集约经营条件下，现代农业的诸多构成要素才能整合在一起，发挥出综合性的作用。也就是说农业集约化经营为这些要素的运用提供了空间和载体，倘若没有农业的集约化经营，没有新型农民的成长空间，现代物资装备、现代科技就无法使用，现代发展理念、现代经营形式就无法引入，土地产出率、资源利用率、劳动生产率、农业的效益和竞争力等就是一句空话。因此，农业集约化经营是推进我国现代农业发展的客观需要和内在要求。

现代农业的常见类型

1. 有机生态农业

生态农业是按照生态学原理和经济学原理，运用现代科学技术成果和现代管理手段，以及传统农业的有效经验建立起来的，能获得较高的经济效益、生态效益和社会效益的现代化农业。它要求把发展粮食与多种经济作物生产，发展大田种植与林、牧、副、渔业，发展大农业与第二、第三产业结合起来，利用传统农业的精华和现代科技成果，通过人工设计生态工程，协调好发展与环境之间、资源利用与保护之间的矛盾，形成生态上与经济上两个良性循环，实现经济、生态和社会三大效益的统一。

有机农业是遵照一定的有机农业生产标准，在生产中不采用基因工程获得的生物及其产物，不使用化学合成的农药、化肥、生长调节剂、饲料添加剂等物质，遵循自然规律和生态学原理，协调种植业和养殖业的平衡，采用一系列可持续发展的农业技术以维持持续稳定的农业生产体系的一种农业生产方式。

2. 绿色环保农业

绿色环保农业，是指以全面、协调、可持续发展为基本原则，以促进农产品数量保障、质量安全、生态安全、资源安全和提高农业综合效益为目标，充分运用先进科学技术、先进工业装备和先进的管理理念，汲取人类农业历史文明成果，遵循循环经济的原理，把标准化贯穿到农业的整个产业链中，实现生产、生态、经济三者协调统一的新型农业发展模式。

“绿色环保农业”是灵活利用生态环境的物质循环系统，实践农药安全管理技术、营养物综合管理技术、生物学技术和轮耕技术等，从而达到在发展农业生产的同时，也对农业生产环境进行有效保护，基本实现经济效益、社会效益、生态效益的有机统一，构成了我国农业现代化发展的重要内容。随着世界各国对生态环境保护的日益重视，绿色环保的理念深入人心，绿色环保农业的影响范围大为拓展，绿色环保产业将迎来广阔的发展空间。

3. 观光休闲农业

观光休闲农业是一种以农业和农村为载体的新型生态旅游业，是现代农业的组成部分，不仅具有生产功能，还具有改善生态环境质量，为人们提供观光、休闲、度假的生活功能。休闲观光农业是利用田园景观、自然生态及环境资源等通过规划设计和开发利用，结合农林牧渔生产、农业经营活动、农村文化及农家生活，提供人们休闲，增进居民对农业和农村体验为目的的农业经营形态。观光休闲农业是结合生产、生活与生态三位一体的农业，在经营上表现为产、供、销及休闲旅游服务等产业于一体的农业发展形式。观光休闲农业是区域农业与休闲旅游业有机融合并互生互化的一种促进农村经济发展的新业态。

4. 工厂运作农业

工厂运作农业是指综合运用现代高科技、新设备和管理方法发展起来的一种全面应用机械化、自动化技术，使资金、技术、设备高度融合密集运用的农业生产形式。工厂运作农业是农业设计的高级层次，能够在人工创造的环境中进行全过程的连续作业，从而有利于摆脱自然界的制约。工厂运作农业将农业生产工厂化，依托强大的生产技术与设备，在人工创造的环境中实行工厂化生产，可以在很大程度上减少对自然环境的依赖程度，有利于大幅提高农业生产效率，成为现代农业的又一重要类型。

5. 立体循环农业

立体循环农业是指利用生物问的相互关系，兴利避害，为了充分利用空间，把不同生物种群组合起来，多物种共存、多层次配置、多级物质能量循环利用的立体种植、立体养殖或立体种养的农业经营模式。

立体循环农业是现代农业的重要类型，立体循环农业充分利用光、热、水、肥、气等资源和各种农作物在生育过程中的时间差和空间差，在地面地下、水面水下、空中以及前方后方同时或交互进行生产，通过合理组装，粗细配套，组成各种类型的多功能、多层次、多途径的高产优质生产系统，从而尽可能地获得农业生产的最大综合效益。开发立体循环农业意义重大，不仅能够节约资源、节约空间，而且能够达到集约经营的效果。因此，已经成为我国现代农业发展的重要类型。

6. 订单生产农业

订单生产农业是指根据农产品订购合同、协议进行农业生产，也叫合同农业或契约农业。订单生产农业是现代农业的又一重要发展类型，具有强烈的市场性、严格的契约性、成果的预期性和违约的风险性。签约的一方为企业或中介组织包括经纪人和运销户，另一方为农民或农民群体代表。签约双方在订单中规定的农产品收购数量、质量和最低保护价，使双方享有相应的权利、义务和约束力，依法不能单方面毁约。但由于农业受自然环境影响较大，具有生产结果的不确定性，从而又带来产品市场的不确定性，因此，遭受违约的风险很大。

同时，随着市场经济的持续发展以及市场竞争的不断加剧，对增强农民竞争力和促进农民增收仍然具有一定作用。订单农业可以从一定程度上为农民生产解除后顾之忧，也有利于减少农民生产的盲目性，所谓“手中有订单，种养心不慌。”但同时也要看到，我国的法制建设尚不完善，人们守法的意识和观念还不强，特别是在遇到严重自然灾害或巨大市场波动时。违约事件也时有发生。因此，订单农业既具有保险的一面，也具有一定的风险性，需要客观对待。

第二节　现代农业发展的必要性

发展现代农业是转变农业生产经营方式的需要

现代农业是与传统农业相对应的农业形态，是以广泛应用现代科学技术、普遍使用现代生产工具、全面实行现代经营管理为本质特征和主要标志的发达农业。改革开放几十年来，我国农业发生了翻天覆地的变化，取得了显著的成绩。但我国农业仍处于传统农业向现代农业的过渡阶段，推进现代农业建设任务繁重。转变农业生产经营方式、推进农业生产经营现代化，成为化解我国“三农”难题的重要途径。同时，现代农业依托现代先进技术与设备，实行集约化、规模化和产业化生产经营，发展现代农业成为转变农业生产经营方式的客观需要。

1. 农业的集约化经营需要发展现代农业

农业的集约化经营方式，就是在单位面积的土地投入更多的生产资料及劳动，并应用先进的生产技术与设备等，以提高农业产业的生产效率，生产出数量更多的农副产品。实现农业集约经营与粗放式农业生产经营方式存在着本质区别，是农业产业发展的巨大进步。实行农业集约化经营符合我国人多地少、人地矛盾较突出的基本国情，是我国农业生产经营方式转变的重要方向之一。同时，农业集约化经营需要投入大量的技术设备与生产资料，而现代农业则以现代技术设备为依托，可以为农业的集约化生产提供农业技术与设备支持，农业的集约化经营离不开农业的现代化，二者不可断然分开，需要相互促进共同发展。

2. 农业的规模化经营需要发展现代农业

人多地少、农业经营分散是我国最基本的国情之一，这在很大程度上制约着我国农业的规模化经营，不利于农业规模效益与规模经济的实现。转变农业生产经营方式，变分散的、小规模的农业经营方式为适度集中的、规模化的农业经营方式，成为提高我国农业生产效率、促进农民增收的重要手段之一，农业的规模化经营符合我国未来农业的发展方向。同时，农业规模化经营需要以先进的农业技术与设备为支撑，需要以土地的合理流转为保障，而现代农业正好可以为其提供农业科技与设备支持，也可以有效推进我国农村土地的合理流转。因此，农业现代化可以为农业的规模化经营提供所需条件，农业规模化经营离不开现代农业的发展。

3. 农业的产业化经营需要发展现代农业

农业产业化以市场为导向，以提高经济效益为中心，以科技进步为支撑，围绕支柱产业和主导产品，优化组合各种生产要素，对农业和农村经济实行区域化布局、专业化生产、一体化经营、社会化服务、企业化管理。形成以市场牵龙头、龙头带基地、基地连农户、集种养加、产供销、内外贸、农科教为一体的经济管理体制和运行机制。而传统的农业生产多属于“自给自足”型，无论是生产效率还是商品化程度均较为低下，农业比较效益低下、农民增收困难、农村发展滞后等状况，均难以通过这种农业生产经营方式来突破，严重影响和制约了我国“三农”经济的发展步伐。相比之下，农业产业化经营方式具有巨大的发展潜力，在促进农业增效、农民增收与农村繁荣方面将发挥出更大功效，成为农业生产经营方式转变的又一重要方向。同时，农业产业化经营同样需要农业科技与设备为支撑，也需要先进的农业生产经营理念为指导。而农业的现代化正好可以对其进行有力支撑，成为农业产业化经营的重要保障。因此，农业产业化同样也离不开现代农业的发展。

发展现代农业是提高农业综合发展能力的需要

要想在日益激烈的市场竞争中持续发展壮大，必须全面提升农业的综合发展能力，为持续健康发展目标的实现提供有力的“硬实力”。科技装备能力、综合生产能力与市场适应能力等构成了农业综合发展能力的主要内容，而现代农业凭借先进的农业技术装备、先进的发展理念以及高素质的新型农民，可以全面提高农业综合发展能力，推动农业不断向前发展。

1. 发展现代农业有利于增强农业的科技装备能力

农业的科技装备水平在很大程度上反映出农业的现代化程度，高水平的农业科技装备有利于提升农业的整体实力，促进农业产业实现可持续发展。同时，现代农业的发展需要以先进的农业科学技术与装备为依托，没有先进技术与装备做支撑的农业不能称为现代农业。一方面，现代农业的发展可以提高农业产业的科技含量与装备水平，增强农业产业的综合实力。为农业产业的持续性发展奠定坚实的科技装备基础；另一方面，也可以对农业科技与设备形成较大的市场需求，进而刺激农业现代科技与设备的“再生产”，形成现代农业与农业科技设备互相促进的良性互动格局。

2. 发展现代农业有利于增强农业的综合生产能力

农业生产效率与农产品品质共同影响着农业的综合生产能力，是农业生产经营中至关重要的一环。要实现农业的高产与高效、农民的增产与增收，必须首先从农业生产这一源头抓起。现代农业具有较高的农业技术与装备水平，应用先进的生产经营管理理念，实行集约化、规模化、专业化、标准化生产与经营，可以大幅提高农业产业的生产效率，生产出数量更多的农副产品，达到农业增产的目的；还可以有效改进农副产品的整体品质，满足人们日益多样化、个性化的消费需求，从而达到农业增效的目的。因此，凭借着先进的生产技术与设备、正确的生产经营理念和高效的生产经营方式，现代农业可以从源头上增强农业产业的综合生产能力。

3. 发展现代农业有利于增强农业的市场适应能力

在市场经济高速发展的时代背景下，市场在资源配置中起着基础性与决定性作用，农业产业的持续发展需要较强的市场适应能力，以便在激烈的市场竞争中占据更为有利的地位。现代农业以市场需求为导向，依托现代农业科技与设备，采用现代经营管理理念，实行专业化、标准化、集约化、规模化生产与经营，可以实现农业与市场的有效结合，农业产业可以根据市场需求调整生产结构，更好地满足市场需求，有效地增强农业的市场适应能力与竞争实力。因此，发展现代农业既可以增强农业产业的市场意识，也可以提高其市场竞争实力，有利于促进农业产业获取更为有利的市场地位。

发展现代农业是提高农产品国际竞争力的需要

随着开放程度的不断加深，我国农产品已经完全融入国际市场，面临的挑战和竞争越来越激烈。为了有效应对国际农产品市场上的诸多挑战，并占据更为积极主动的国际市场位置，需要在农产品价格、品质等方面进行重点突破。而现代农业实行规模化、集约化和产业化生产，有利于降低生产经营成本，提高农产品国际竞争力。

1. 发展现代农业是迎接国际市场竞争挑战的需要

相对于国内市场，国际市场上的参与主体更加复杂多样，关系更为错综复杂，市场门槛也相对更高。因此，在国际市场上的竞争更为激烈和残酷，面临的挑战与风险也更多。为了有效应对日益激烈残酷的国际市场的竞争与挑战，我国农业相关产业必须增强国际市场观念与危机意识，积极采用先进的农业科技与设备，实行高效的农业生产经营方式，确保所生产的农副产品具有“适销对路、物美价廉”的特性，从而促使其在激烈的国际市场上占据更为主动的地位。现代农业集现代技术设备、先进经营管理理念、高效生产经营方式于一体，可以有效增强农业产业的国际市场竞争力，既是发达国家普遍采用的农业发展模式，也是我国农业产业迎接国际市场竞争与挑战的重要手段。

2. 发展现代农业是提高农产品国际竞争价格优势的需要

国际市场的竞争既包括农产品品质的竞争，也包括农产品价格的竞争。获取市场价格优势成为农产品出口，获取更大市场份额的重要突破口。因此，提高农业生产经营效率、控制农业生产经营成本成为获取国际市场价格优势的重要途径，也是赢得国际农产品市场的重要手段。现代农业运用先进的农业科技与设备，采用规模化、机械化、专业化等高效生产经营模式，有利于提高农业生产效率，控制或降低农业生产成本，有利于获得规模经济效益，有利于获得国际市场的竞争优势。

3. 发展现代农业是提高农产品国际品质优势的需要

随着国际贸易竞争的加剧，农产品国际贸易的门槛要求越来越高，这为我国农业产业的发展提出了更高的要求与挑战。而农产品品质的提高，关键在于科学生产经营方式的运用和先进技术设备的采用。发展现代农业，有利于促进生产经营方式的转变，有利于先进技术设备的广泛应用，从而有利于提高农产品品质，为我国农业产业获得更大的国际市场份额、实现全球化战略提供支撑。因此，发展现代农业是提高农产品品质的重要途径，也是我国农业产业更好地走向世界的关键性举措。

第三节　现代农业发展的紧迫性

农村土地经营分散影响农业效益，必须发展现代农业

改革开放以来，我国农村实行的是以家庭联产承包责任制为基础，统分结合的双层经营体制，在特定历史时期内极大地调动了广大农民群众的生产积极性与创造性，推动了我国农业产业经济的快速发展。但随着社会经济的深入发展，这种农村经营体制在某种程度上造成了农村土地的分散经营，不利于农业产业的规模化与集约化经营。因此，需要在坚持现有农村经济制度的基础上，深化农村社会经济改革，促进农村土地合理流转，大力推进我国农业产业现代化，有效提高农业产业的综合效益。

1. 不利于农业规模化发展，难以获得规模效益

我国农业人口众多、农村耕地有限，人地矛盾较为突出，在现有的农村经营体制之下，农民以家庭为单位承包农村土地，单独从事农业生产经营活动，农村土地经营较为分散。由此造成农业经营主体发展规模普遍偏小，经营土地分散，大规模机械化耕作难度较大，农业生产效率低而成本高，难

以获得农业生产的规模效益，农业产业比较效益低下，农民收入水平普遍偏低。同时，由于农村社会保障制度不健全，农民离土不离乡，虽然长年在城里打工，但也不愿放弃已经承包的土地，导致土地流转相对困难，从而不利于农业产业的规模化经营。此外，由于农民分散经营，农业生产组织化程度较低，缺乏市场话语权，严重影响了农业的比较效益。

2. 不利于农业集约化生产，难以获取竞争优势

农村土地经营分散在不利于农业产业规模化经营的同时，也不利于农业产业的集约化经营。一方面，农村土地经营分散，农业生产的新技术、新模式难以推广，不利于开展集约化经营，导致农业生产效率低下；另一方面，农村土地经营分散，机械化的应用受到极大的限制，也加大了农业集约化生产的难度。此外，农村土地生产经营分散，农业经营主体组织化程度不高，增加了农业产业的专业化、标准化生产难度，影响了农产品品质的一致性和稳定性。同时，由于缺乏组织性，难以对市场供求信息形成有效判断，产品的市场竞争力大打折扣。因此，农村土地分散经营不利于农业产业的集约化经营，严重地影响到农产品的市场竞争力。

3. 制约农业综合效益提升，难以实现农业现代化

农村土地经营分散，严重影响制约了农业产业综合效益的提升，阻碍了现代农业的发展。农村土地分散经营，不利于提高农民的综合素质，难以培养出农业现代化的人才；农村土地分散经营，不利于农业产业的规划与发展，影响现代农业发展模式的形成；农村土地分散经营，不利于农业市场地位的建立，影响农业的市场竞争力。因此，必须改变农村土地分散经营现状，积极发展现代农业，实行规模化、集约化、产业化、专业化生产，才有可能促进农业产业综合效益的大幅提高，农民群众也才有可能实现收入的持续增长。综上，无论是促进农业效益的增加，还是推动农业的持续进步，都必须大力发展现代农业。

职业农民尚未形成影响农业水平，必须发展现代农业

农民是农业生产经营的主要参与者与具体实践者，其综合素质的高低直接影响到农业的发展水平。随着城镇化与工业化的稳步推进，加之受农业

比较效益低下的影响，大批农村青壮年离开农村进城务工，真正从事农业生产的主要是妇女和老人，有文化、懂技术的职业农民尚未形成。发展现代农业需要高素质的职业农民，也只有高素质的职业农民才能承担起现代农业的重任。

大批农村青壮年进城务工，妇女、儿童与老人留守农村，农业经营主体老龄化、青壮年农民普遍兼业化，严重影响了我国新型职业农民的有效形成，从而不利于现代农业科技与设备广泛应用，影响了农业产业的科技含量与水平。具体而言，一方面，大多数老人受传统的小农思想意识影响较深，学习与应用现代农业科技与设备的积极性不够；另一方面，老年人的科学文化素质普遍偏低，学习、理解、记忆能力较差，农业科技与设备的实际运用能力不足。此外，老年人缺乏经济实力，基本上无力购买现代先进的农业生产设备。因此，应该大力发展现代农业，积极培育新型职业农民，以大幅提高农业产业发展的科技水平。

由于我国新型职业农民尚未形成，现有从事农业生产的人员绝大部分既没有能力也没有动力去研究农业的发展，因此，不可能形成现代农业经营的理念，从而严重影响到我国农业整体经营水平的提升。农业经营水平的提高需要以先进的生产经营理念为指导，以先进的技术设备为支撑，以高效的生产经营方式为保障。但无论是先进技术与设备的应用，还是生产高效经营方式的采用，都与农业经营主体的生产经营理念有关，均受其生产经营理念的深刻影响。由于我国新型职业农民尚未形成，现代农业生产经营理念难以推广，严重影响到农业产业整体经营水平的提升。

新型职业农民的培育与形成，有利于提高农业经营主体的整体素质，促进农业现代科技与设备的广泛运用和推广，从而对农业产业科技装备水平的大幅提升产生积极显著的影响；发展现代农业有利于培养现代农民，在现代农业经营模式下，从业人员能够接受现代农业经营思想和经营理念的熏陶，迅速成长为职业农民：发展现代农业有利于现代科学技术的推广应用，能促进高效生产经营模式的形成，对有效增强我国农业产业的竞争能力起到推动作用，从而培养出新型职业农民。反过来，新型职业农民的形成，又有利于农业科技水平的广泛应用和普及，有利于现代农业模式的形成与发展。因此，需要大力发展现代农业，积极培育新型职业农民，使两者之间形成一种良性的动态互动关系，相互促进，共同发展，为农业产业发展综合水平的显著提升创造有利条件。

农业污染现状堪忧影响农业发展，必须发展现代农业

我国农业产业发展面临着巨大的人口、资源和环境压力，化肥农药等的大量施用成为提高土地产出水平的重要途径。而化肥、农药、农膜等的过度使用，又会造成严重的农业污染。进入21世纪，农业产业发展所面临的压力更为巨大，加之农民环保意识不强、农民环保能力有限、农业环保监控缺乏等因素的综合影响，进一步加深了农业产业对化肥、农药、农膜的依赖程度。我国农业污染问题日益突出、现状堪忧，严重影响着我国农业产业的可持续发展。因此，迫切需要大力发展现代农业，以改善农业污染现状，促进农业产业健康发展。

1. 农民环保意识不强，农业污染频发，必须发展现代农业

农民环保意识不强是导致农业污染频发的重要原因之一。由于受科学文化程度的局限，加之农业环保的宣传工作尚待进一步加强，不少农民缺乏对农业环保的深刻了解与认识，难以在短时间内形成较强的农业环保意识，极易在农业生产过程中造成农业污染。而现代农业依靠先进的农业科技与设备，谋求社会效益、经济效益与生态效益的有机统一，以实现农业产业可持续发展为根本目标。因此，大力发展现代农业，有利于培养农民的环保意识，加深对农业环保重要性的理解与认识。从而增强环保的自觉性和主动性，促进农业产业持续健康发展。

2. 农民环保能力有限，农业污染不断，必须发展现代农业

除了农业环保意识不强外，农民环保能力有限也是农业污染不断加剧的重要原因之一。一方面，农民科学文化程度普遍偏低，农业环保技术与设备缺乏，客观上造成了农业环境污染不断加剧。另一方面，农业生产的比较效益低下，因为缺乏投资环保的经济实力，农民主观上不愿意把资金过多地投入到环保上，也加剧了环境的污染。发展现代农业可以充分发挥现代农业的经营模式、技术与设备的优势，减少对化肥、农药的过分依赖，兼顾社会效益、经济效益与环保效益，从而可以对农业污染起到较好的预防作用。同时，现代农业的经营模式，有利于培养和提高农民的环保意识，有利于农业

环保技术与设备的广泛使用，从而有效减少农业污染。此外，发展现代农业，有利于农民收入水平和综合素质的提高，促进农民增强环保意识，从而有效地控制和减少农业污染。

3. 农业环保监控缺乏，农业污染严重，必须发展现代农业

我国目前还缺乏有效的农业环保监控措施，农业生产基本处于放任自流的状况。农民在利益的驱使下，主观上很少考虑污染问题。加上化肥、农药、激素虽然有污染的一面，但也同时具有见效快、成本低、效益高的特点，在缺乏有效监督的情况下，必然会被广泛使用，客观上加剧了农业污染。而且我国农业经营主体分散，不便集中管理，给监管工作带来了困难，给农业污染留下了空间。发展现代农业，实行集约经营，有利于科学的经营理念的形成，有利于科学的管理规范的推广应用，有利于农业环保监控体系的建立与完善，从而提高农业环保监控效率，提高农产品的品质和安全性。

第四节　现代农业发展的模式

生态农业

1. 生态农业的概念

生态农业是20世纪60年代末期作为解决“石油农业”的弊端而出现的，被认为是继“石油农业”之后世界农业发展的一个重要阶段。生态农业主要是通过提高太阳能的固定率和利用率、生物能的转化率、废弃物的再循环利用率等，促进物质在农业生态系统内部的循环利用和多次重复利用，以尽可能少的投入，求得尽可能多的产出，并获得生产发展、能源再利用、生态环境保护、经济效益等相统一的综合性效果，使农业生产处于良性循环中。生态农业不同于一般农业，它不仅避免了“石油农业”的弊端，并且发挥出了明显的优越性。通过适量施用化肥和低毒高效农药等，生态农业突破了传统农业的局限性，但又保持其精耕细作、施用有机肥、间作套种等优良传统。生态农业既是有机农业与无机农业相结合的综合体，又是一个庞大的综合系统工程和高效的、复杂的人工生态系统以及先进的农业生产体系。

综上所述，我国的生态农业是指在保护、改善农业生态环境的思想指导下。按照农业生态系统内物种共生、物质循环、能量多层次利用等生态学原理和经济学原理。因地制宜，运用系统工程方法和现代科学技术，运用现代科学技术成果和现代管理手段，以及传统农业的有效经验建立起来的，集约化经营的农业发展模式。充分发挥地区资源优势，依据经济发展水平及“整体、协调、循环、再生”原则，运用系统工程方法，全面规划、合理组织农业生产，实现农业高产优质高效持续发展，达到生态和经济两个系统的良性循环，使农业的经济效益、生态效益、社会效益协调统一的现代化农业。

2. 生态农业的发展趋势

（1）生态农业产业化

21世纪全球经济生态化、知识化的趋势，决定了生态产业是产业革命的必然结果。同样，21世纪的现代化发展方向也必然使农业现代化纳入生态发展的轨道。由于当前我国农业出现的社会效益与自身经济效益的矛盾、分散农户与大市场的矛盾以及受市场和自然资源双重约束的几大矛盾并没有完全解决，农业生产从数量向品种、质量转化，产值贡献弱化，市场贡献以及农业环境贡献逐渐增大的现实，决定了发展生态农业，特别是生态农业产业化的必要性。

（2）生态农产品质量标准化，生态农业生产规范化

国内农产品质量标准制订滞后，直接影响了我国农产品质量的提高，降低了我国农产品在国际市场中的竞争力，因此，应加快农产品质量标准的制订。在进一步完善农业生态环境监测网的基础上，应重点加强农产品质量安全检测机构建设，形成功能齐全的省、市、县梯级农产品质量检测体系。通过全国农产品监测网络，对农产品质量实施统一的监测监控，对农产品的生产过程进行全程监控，使质量管理关口前移，提高农产品的质量与安全性，保证向市场提供无公害、绿色或有机食品，提高产品的品牌价值和信誉度，建设完善的市场与流通体系，维护生产者和消费者的利益。

（3）科技对生态农业发展的促进作用将得到强化

农业高科技日益成为发达国家农业持续发展和产业升级换代的支撑，利用现代生物技术培育新品种，进行生物病虫害防治，提高农产品产量和品质，降低生产成本，已经渗透到农业的常规技术领域。而我国在生态

农业产业化方面还缺乏相应的原创性研究和应用，与发达国家相比差距较大。所以，我们要加大农业科技投入，鼓励科技创新，加快科技发展，提产品的技术含量和科技附加值，解决我国农产品技术含量较低的致命缺陷。

3. 中国生态农业的技术措施

生态农业是从生物与环境两个方面来研究农业的生产过程，所以，生态农业技术措施也应该包括这两个方面的内容：

（1）水土流失和土地沙化综合治理技术

防止水土流失最主要的措施就是增加植被，严禁毁林开荒，实行造林种草，封山育林，在农业生产中采用等高种植法，以及横坡带状间作等方法。

（2）防止土壤污染技术

控制和消除外排污染源，严格控制污染物进入土壤；研制生产高效、低毒、低残留的新型农药，代替剧毒高残留农药；利用生物防治技术，实现以虫治虫，以菌治虫；利用微生物的转化、降解作用，减少污染物的残留。

（3）水体富营养化的防治技术

水体富营养化是指在人类活动影响下，水体中的氮、磷等营养物质含量增高，使水中的藻类等生物大量繁殖而对水体产生危害。控制方法包括：控制外源性营养物质输入；减少水体营养物质富集的可能性；减少内源性营养物质积聚，挖掘底泥沉积物，进行水体深层暴气；用化学药剂杀藻；利用水生生物（如凤眼莲、芦苇、丽藻等）吸收利用氮、磷元素，以除去这些营养物质。

（4）生物共生互惠及立体布局技术

共生互惠和立体布局包括植物与植物、植物与动物、动物与动物等的相互组配和合理布局，如稻田养鱼，蔗田种蘑菇，鲢、鳙鱼、草鱼、鲫鱼和河蚌混养等。

（5）农业环境和农业生产自净技术

自净技术即是在生产系统内，将上一级生产产出的废弃物，变为下一级生产的有效投入，从而避免污染物的外排而影响环境洁净的技术。如人畜粪尿还田，田边和村边种植防护林带，鸡（粪）—猪（粪）—鱼（塘泥）—作物（农副产品）—鸡、猪食物链技术等。

（6）有害生物的综合治理技术

综合治理技术包括病虫害、杂草的生物防治技术，采用作物的间套轮作、不同耕作等方法，以及利用各种物理、机械方法防治病虫草害等。

（7）农村能源的开发和利用：①充分利用太阳能。如建太阳能温室、塑料大棚、地膜覆盖、太阳能干燥器、太阳能取暖器、太阳能蓄水池等。大力营造薪炭林，解决农村能源短缺的问题。②积极发展沼气。③用风能、水能以及其他能源。

4. 中国生态农业建设的模式

生态农业模式是整个生态农业借以组装和运行的蓝图，是各组成要素在整个系统网络中的地位和相互循环关系的具体表达。我国的生态农业模式类型多种多样，由于农业系统及其组成要素的多样性和复杂性，目前尚无统一的分类体系，结合当前的生产实践和研究成果大致可分为以下几种类型：

（1）立体利用型

根据具体条件，采用各种垂直布局。随着生态农业发展，它的内容越来越丰富，形式越来越多样。大范围的立体利用是山水田林路，按照地形、地貌，以及小气候、土质、农田、村舍、道路、沟渠的特点，进行立体布置，把上方的山、坡和下方的农田作为一个生态系统整体来建设，被称为立体农业。小范围的立体利用，则是在一块农田或一片林果地的立体布置。地处山区的山西绛县，按海拔高低层次，进行立体布局。在千米高海拔的山崖陡坡种植油松等用材林，称为“松柏盖顶”；在海拔稍低的缓坡地带，种植山楂、核桃、花椒等经济林，称为“花果缠腰”：而山脚、复垦地栽药材、苹果、烟草，称为“药果烟盘底”。至于农田的立体利用，可采取高矮作物间作，耐阴与喜阳作物问作，乃至在高秆或高架作物之下养殖鹅、鸭，培植食用菌等，既能分层分期（有时利用两种作物彼此错开需要充足阳光的阶段）利用阳光，又各得其所，地尽其利。近年许多农场和农户在葡萄园地面养鹅吃草，或甘蔗地行间养鸭，或在葡萄园开深沟，既排水又在沟内养殖，形成高度集约利用土地、水面等资源的立体生产，都取得了很好的经济效益和生态效益。

（2）沼气利用型

沼气利用型是以农业生产为基础的家庭经济发展类型，它以沼气为纽带，利用食物链加循环技术将种植业、养殖业及加工业联系在一起，通过增加畜禽饲养和沼气池厌氧发酵，将传统的单一种植和高效饲料以及废弃物综合利用有机地结合起来，在农业系统内做到能量多级利用、物质良性循环。如南方的“猪—沼—果”模式。

（3）食物链型

食物链型主要涉及有食物链关系的初级生产者、次级生产者和分解者之间的搭配。这类模式在我国生态农业建设实践中得到最广泛的运用。根据食物链的结构可分为：

①食物链延伸模式：如利用作物秸秆作饲料养猪，猪粪养蛆，蛆喂鸡，鸡粪施于作物。在这种循环中，废弃物被合理利用，可减少环境污染，从而建立取食、寄生、捕食、防污的食物链模式，还可以利用食物链进行有害生物综合防治，减少农药的使用量以保证农作物的优质、安全，如赤眼蜂食玉米螟模式、七星瓢虫捕食棉田蚜虫模式、森林灰喜鹊食松毛虫模式等。

②食物链阻断模式：该模式即在污染出现时，为阻断污染物的食物链浓缩，需打断食物链联系。如在农田生产中可采用种植花卉、用材林、草坪等非食物生产模式，在水体可采用养殖观赏鱼类的生产模式。这是一种按照农业生态系统的能量流动和物质循环规律而设计的良性循环的农业生态系统。

（4）生物互利共生型

该类型利用生物群落内各层生物的不同生态特性及互利共生关系，分层利用空间，提高生态系统光能利用率和土地生产力，增加物质生产。这是一个在空间上多层次，在时间上多序列的产业结构类型，使处于不同生态位的各生物类群在系统中各得其所、相得益彰、互惠互利，充分利用太阳能、水分和矿物质营养元素，实现对农业生态系统空间资源和土地资源的充分利用，从而提高资源的利用和生物产品的产出，获得较高的经济效益和生态效益。生物互利共生型以先进适用的农业技术为基础，以保护和改善农业生态环境为核心，强化农田基本建设，提高单产。该类型主要包括农林牧副渔复合型、农作物复合种植型、其他复合型几种类型。

（5）产业链延长增值型

该类型是以经济效益为中心，以农业可持续发展为目标，将农业生产中的主产品或副产品加工增值，从而增加农业产值，并努力实现生产的产业化，促进产、加、销、贸一体化的农业生产模式，如青贮玉米—饲料模式、玉米—猪—肉罐头模式等。

（6）环境治理型

该类型采用生物措施和工程措施相结合的方法，综合治理水土流失、草原退化、沙漠化、盐碱化等生态环境恶化区域，通过植树造林、改良土壤、兴修水利、农田基本建设等，并配合模拟自然群落的方式，实行乔木、灌木、草结合，建立多层次、多年生、多品种的复合群落生物措施，是生物措施与工程技术的综合运用模式。它包括以下4种模式：

①丘陵山区小流域综合治理模式：该模式在水土流失较为严重的地区以植树造林为主要途径，发展林果、养殖等产业，实行小流域的综合治理，改善生态环境，逐步创造良好的农业发展环境。主要采取退耕还林、还草、封山绿化的综合措施，加强对天然林的保护，集雨灌溉，涵养水源，防水固土，保持土壤肥力，在陡坡地栽种用材林，在缓坡地栽种经济林，在平地搞养殖、经济作物种植及农产品加工。在农牧结合区，采用以沼气工程为纽带的生态农业模式，以农带牧，以沼促粮、草、果种植业，形成生态系统和产业链合理循环。

②盐碱地治理模式：该模式采用打浅井、开深沟、建造人工防护林，引进抗盐碱的豆科牧草发展畜牧业，种植青绿肥增加有机质等。

③草地恢复与生态牧业模式：该模式根据草场类型和产草量，确定不同牲畜的种群结构和载畜量，分地区分季节安排牧业生产；退耕还草还牧，提高草地的产草量；缩短育肥周期，养活载畜量和放牧强度；引导牧民从事畜产品加工业等行业。

④保护性耕作模式：该模式在保证种子能发芽的基础上尽可能减少土壤耕作，并用作物秸秆、残茬覆盖地表，用化学药物来控制杂草和病虫害，从而减少土壤风蚀、水蚀，提高土壤肥力和抗旱能力。保护性耕作模式是干旱少雨、风蚀严重地区应对恶劣环境的重要模式。

（7）资源开发利用型

该类型主要分布在山区及沿海滩涂和平原水网地区的荡滩，这些地区农业发展潜力较大，有大量自然资源未得到充分开发或很好地利用。通过因地制宜、全面规划、综合开发，利用改造荒山、荒坡、荒滩、荒水，实行资源开发与环境治理相结合，治山与治穷相结合，可全面促进环境建设、生产建设和经济建设。该模式适用于农业发展潜力大、生态环境好、资源丰富但未得到充分开发或利用的地区。

（8）观光旅游型

该类型是运用生态学、生态经济学原理，将生态农业建设和旅游观光结合在一起的良性模式。在效能发达的城市郊区或旅游区附近，以当地山水资源和自然景色为依托，以农业作为旅游的主题，根据自身特点，将旅游观光、休闲娱乐、科研和生产结合为一体的农业生产体系。根据农业观光园的应用特点将其分为观光农园、农业公园、教育农园三类：

①观光农园型：以生产农作物、园艺作物、花卉、茶等为主营项目，让游人参与生产、管理及收获等活动，还可让游客欣赏、品尝、购买园区的作物。它又可细分为观光果园、观光菜园、观光花园（圃）、观光茶园等，如北京朝来农艺园、河南世锦花木公司等。

②农业公园型：把农业生产、农产品销售、旅游、休闲娱乐和园林结合起来的园区称为农业公园。这类农园应注重在休闲、旅游、度假、食宿、购物（农产品）、会议、娱乐设施等方面的完善，注重人文资源和历史资源的开发，是一种综合性的农业观光园，如湖北宜昌的旅游型景观农业区、四川的九寨沟、浙江义乌的农业现代化示范区、河南省淮阳市的中原绿色庄园等。

③教育农园型：该类型既兼顾农业生产、农业科普教育，又兼顾园林和旅游，故称为教育农园。该园内的植物类别、先进性、代表性形态特征和造型特点等不仅能给游园者以科普知识教育，而且能展示科学技术就是生产力的实景。该型园既能获得一定的经济效益，又能陶冶人们的性情，丰富人们的业余文化生活，从而达到娱乐身心的目的，如深圳的世界农业博览园、上海孙桥的现代农业开发区、河南省郑州市陈寨村的特色植物展示园等。

观光休闲农业

1. 观光休闲农业的概念

观光休闲农业是利用农村景观、农业活动、农村民俗文化，通过规划和开发，为人们提供兼有观光、休闲、娱乐、教育、生产等多种功能为一体的农业旅游活动，是一种生态旅游新类型。观光休闲农业的发展，将农业观光、农事体验、生态休闲、自然景观、农耕文化等有机结合起来。既满足了城市居民崇尚自然、回归自然、享受自然的需要，又促进了乡村旅游业的崛起。

由于我国的休闲观光农业起步较晚，目前还存在以下不足：一是缺乏科学规划，现有的观光休闲农业基本上处于乡村和工商业主自发状态，缺少整体规划和科学认证，模式单一、风格雷同，缺少各自的独特创意；二是品位档次不高，经营规模偏小，项目内容单调，赋予特色的为数不多，影响了经济效益的提高；三是管理服务不够规范，管理人员绝大多数是原来的生产、加工、营销的人员，服务人员基本上向社会招收，缺乏管理经验，整体素质较低；四是政策扶持力度不大，要素“瓶颈”制约了观光休闲农业的发展。

2. 我国观光休闲农业的发展思路

（1）因地制宜，科学规划

发展休闲观光农业要从长计议、系统筹划，科学制订发展规划。由于各地环境不同，地理因素各异，产业特色有别。因此，在编制规划时，要按照“因地制宜、突出特色、合理布局、和谐发展”和“合理开发、永续利用、保护耕地”的要求，注重区域定位、功能定位、形态定位，避免雷同、重复建设，克服盲目追求高档、贪大求洋甚至“毁农造景”的现象。做到有序发展、相对集中、规模开发。休闲观光农业规划要与土地利用总体规划、农业发展规划、城市旅游规划、新农村建设规划相互衔接，确保规划的整体性、前瞻性和延续性。充分利用田园景观、村居民舍、乡土风情、农耕民族文化等资源，将农业生产、生活、生态协调融合，使特色农业得到展示，旅游项目得到发挥，环境保护得到加强，实现人与自然的和谐发展。

（2）注重特色，农旅结合

发展休闲观光农业必须要坚持以农业为基础、农民为主体、农村为特色，把农业产业发展、增加农民收入放在首位。项目建设要突出农味，吃农家饭、住农家屋、干农家活、享农家乐，拓展设施栽培、生态养殖、立体种养、种养加一体化等高效生态农业模式的功能，达到游客求变、求异、求新、求特、求美的消费心理。休闲观光农业既是“三农”的延伸，又是旅游业空间的拓展。在强调以农为本的同时，也要重视兴旅，灵活运用“农中有旅，以旅强农，农旅结合，强农兴旅”，突出休闲性，增强参与性，体现娱乐性。满足不同消费人群，使游客真实体验到地道的农家之乐。

（3）加强管理，规范发展

发展休闲观光农业，服务是核心，安全是保证，必须规范内部管理，提高服务质量，确保游客身体健康、生命安全。要制订行业管理标准和服务管理办法，做到有标可查、有章可循，构建完善的质量安全管理体系。结合农村劳动素质培训，对从业人员加强农艺知识、菜肴烹饪、食品卫生、安全生产、诚信意识、森林防火等方面的培训，提高其综合素质和服务水准。积极培育和组建休闲观光农业的行业协会、专业合作社等中介服务组织，增强行业自我服务、自我管理、自我约束、自我发展。业务主管部门要经常性地开展检查、指导，实行有效的监督管理，及时化解风险，帮助解决困难，真正打造一批特色突出、经营规范、服务周到、安全卫生，深受游客欢迎的休闲观光农业项目。

（4）优化环境，联动协作

休闲观光农业是时代发展和社会进步的产物，也是一项系统性极强的工程，需要各级各部门的协调配合、联动协作。财政部门要安排专项资金，列入年度预算，重点扶持特色明显、运行规范、前景广阔的休闲观光农业项目，同时要鼓励引导工商资本、民营资本、外来资本投资开发，建立起“政府扶持、业主为主、社会参与”的投入机制。金融部门要优化信贷结构，把休闲观光农业建设纳入支农重点，适当放宽担保抵押条件，简化审批手续，并给予贷款利率和时间上的优惠。农业部门积极创新土地流转机制，按照“自愿、依法、有偿”的原则，采取转让、出租、互换、入股等形式，推进土地规模经营。国土部门要鼓励开发废弃园地、林地、荒山等，盘活存量土地、对休闲观光农业管理配套设施用地实行用地倾斜，其他有关部门都要按照各自的职能，为休闲观光农业的发展提供强有力的保障。

（5）加强领导，强化宣传

发展休闲观光农业是落实科学发展观、走创业创新之路的有效举措，是发展现代农业、建设社会主义新农村的客观要求，也是促进农业增效、农民增收、农村发展的有效途径。各级各部门一定要统一思想，达成共识，创新思路，精心组织，狠抓落实，进一步加强对休闲观光农业的领导。同时，要加大宣传力度，扩大影响，提高知名度。通过各种新闻媒体，及时报道先进典型，发挥舆论导向作用，营造休闲观光农业发展氛围。通过举办或参与各种节庆、节会等活动，搭建平台、设立窗口，展示休闲观光农业风采，扩大市场有率。通过项目策划包装，打造精品亮点，实施品牌战略，推进休闲观光农业有序、快速、持续、健康发展。

3. 我国观光休闲农业的具体发展方向

（1）依托田园和生态景观

乡村田园生态景观是现代城市居民闲暇生活的向往和旅游消费时尚，也是观光休闲农业赖以发展的基础。因此，①在选址上，首先要考虑以周边优美的农村生态景观为依托，并与所规划的观光休闲农业项目特色相匹配。②在规划上，要以农业田园景观和农村文化景观为铺垫，选择园林、花卉、蔬菜、水果等特色作物，高新农业技术，特色农村文化，作为规划的基本元素。③在建设上，既要对农村环境的落后面貌进行必要的改造，同时要注意保护农村生态的原真性。

（2）重视休憩和体验设计

观光休闲农业的客源，在节假日主要是近距离城市休憩放松的上班族，上班时间主要为退休人员，也有业务洽谈和会议选在生态景观和设施条件较好的观光休闲农业景点进行。去观光休闲农业消遣，已经成为不少城市居民的一种生活方式。因此，策划成功的关键之一是如何处理好“静”和“动”，即养生休闲和运动休闲的关系。休憩节点的设计要“静”，所谓“静”就是田园的恬静和农家的祥和，就是要为人们提供恬静休闲的空间和场所。“动”主要是娱乐游憩或农事体验，要做到“动”的项目寓于“静”的景观之中。这样，既能满足城镇居民渴望回归自然、放松身心的休闲需求，又能满足城镇居民科学文化认知的需要，还能延长游憩时间、增加二次消费。

（3）挖掘民俗和农耕文化

要保持观光休闲农业项目长期繁荣兴盛，就应该在丰富观光休闲农业的文化内涵上下工夫。深入挖掘农村民俗文化和农耕文化资源，提升观光休闲农业的文化品位，实现自然生态和人文生态的有机结合。如传统农居、家具，传统作坊、器具，民间演艺、游戏，民间楹联、匾牌，民间歌赋、传说，名人胜地、古迹，农家土菜、饮品，农耕谚语、农具等，都是观光休闲农业景观规划、项目策划和单体设计中可以开发利用的重要民间文化和农耕文化资源。

（4）突出特色和主题策划

特色是观光休闲农业产品的核心竞争力，主题是观光休闲农业产品的核心吸引力。要认真摸清可开发的资源情况，分析周边观光休闲农业项目特点，巧用不同的农业生产与农村文化资源营造特色。农村资源具有的地域性、季节性、景观性、生态性、知识性、文化性、传统性等特点，都是营造特色时可利用的特性。根据资源特性和项目定位，进行主题策划。

设施农业

设施农业就是运用现代工业技术成果和方法、用工程建设的手段为农产品生产提供可以人为控制和调节的环境和条件，使植物和动物处于最佳的生长状态，使光、热、土地等资源得到最充分的利用，形成农产品的工业化生产和周年生产，从而更加有效地保证农产品的供应，提高农产品质量、生产规模和经济效益，促进农业现代化。

设施农业主要内容是与集约化种、养殖业相关的园艺设施和畜禽舍的环境创造、环境控制技术及与其配套的各种技术和装备。因此，设施农业又被称为工厂化农业。

1. 设施农业的概念

设施农业是在不适宜生物生长发育的环境条件下，通过建立结构设施，在充分利用自然环境条件的基础上，人为地创造生物生长发育的生长环境条件，实现高产、高效的现代农业生产方式，包括设施种植和设施养殖。通常所说的设施农业是设施种植，即植物的设施栽培，是指在采用各种材料建成的，具有对温、光、水、肥、气等环境因素控制的空间里，进行植物栽培的农业生产方法。

设施农业作为农业生态系统的一个子系统，既具有农业生态系统的一般特征，也具有与一般生态系统明显不同的自身特点：一是人的干预和控制性强，包括对种群结构、环境结构、产品形态和流通、采收与上市等都由人的干预和控制；二是物资和资金投入大，设施农业是集约化程度非常高的现代农业生产方式，自然要求有大量物质能量的投入；三是具有生态、经济的双重性，属于典型的生态经济系统；四是地域差异性显著。

从长远看设施农业，一是提高了农产品品质要求。农业由数量型向质量型提高，解决大宗产品结构性剩余矛盾，加快农业产业升级换代依靠设施农业已成必然措施之一；二是发展现代农业要求，发展高效农业对农业生产管理提出更高要求，农业生产各个环节都要采用现代化手段，实施科学管理，规模集约经营，提高农业设施化、标准化是现代农业重要内涵；三是出口市场需要，设施农业是废除技术壁垒，绿色壁垒重要技术手段；四是保护环境，持续发展的需要。

2. 我国设施农业的研究重点及发展趋势

（1）我国设施农业中应用的现代工业技术

①机械技术：育苗播种机械、耕作收获机械、灌溉施肥植保机械、传感执行机械、加温通风设备、预冷储藏设备、包装分级机械、运输机械、基质消毒设备等。

②工程技术：建筑结构工程、材料工程（包括温室骨架材料、覆盖材料、工程塑料）和节水、节能工程等。

③计算机与自动控制技术：光、温、水、肥、气等因子的自动监控，作业机械的自动化控制等。

④信息技术：以产品、市场、技术和市场等为主要内容的网络化管理、模式化运行、远程服务等。

⑤生物技术：生物制剂、生物农药、生物肥料等专用生产资料的制备与生产。

（2）我国设施农业研究重点方向

①适宜于不同地区、不同生态类型的新型系列温室及相关设施的研究开发，提高我国自主创新能力和设施环境的自动化控制技术水平。

②设施配套技术与装备的研究开发，包括温室用新材料、小型农机具和温室传动机构、自动控制系统等关键配套产品，提高机械化作业水平和劳动生产率。

③温室资源高效利用技术研究开发，如节水节肥技术、增温降温节能技术、补光技术、隔热保温技术等，降低消耗，提高资源利用率。

④采后加工处理技术研究开发，包括采后清洗、分级、预冷、加工、包装、储藏、运输等过程的工艺技术及配套设施、装备等，提高产品附加值和国际市场竞争力。

⑤设施栽培高产优质并具有自主知识产权的创新品种选育研究，改变我国设施园艺主栽品种长期依赖国外进口的局面。

⑥设施农业高产优质栽培技术和不同品种、不同生态类型模式化栽培技术研究以及生产安全技术研究，如绿色产品生产技术、环境控制与污染治理技术、土壤和水资源保护技术等。

⑦温室设施与设施农业产品生产标准化研究，包括温室及配套设施性能、结构、设计、安装、建设、使用标准；设施栽培工艺与生产技术规程标准；产品质量与监测技术标准等。

（3）我国设施农业发展趋势

①大型园艺设施的比重明显加大，其原因主要是随着设施园艺的迅速发展，设施蔬菜等超时令、反季节园艺产品的季节差价明显缩小，小型设施的单位面积产出率低、比较效益下滑，收益显著低于大型设施，加上作业不便，劳作强度大，逐步富裕起来的农民也需要改善劳动条件。

②节能日光温室发展迅猛，加温温室发展缓慢，普通日光温室面积的比重由70%下降到34%；节能日光温室则从无到有，在温室面积中的比重猛增至61%。

③以遮阳网覆盖栽培为主的夏季设施园艺快速发展，20世纪80年代后期，国产耐候塑料遮阳网试制成功，首先在蔬菜生产上进行应用研究和示范推广，并迅速在花卉和茶叶生产上推广应用。

④现代化连栋温室发展加速，20世纪70年代末至80年代初，我国从日本、欧美引进的现代化连栋温室，由于使用效果普遍不佳，引进和发展现代化连栋温室开始降温。进入21世纪以后，特别是2003年以来，随着创办农业科技示范园区的工作得到各级领导的高度重视，各地发展现代化连栋温室急剧升温，相继大量引进发达国家的现代化连栋温室，同时也带动了国产现代化连栋温室制造业的发展。

⑤优质高产栽培和无公害生产技术体系开发取得可喜进展，80年代初，我国山西太原曾创造出塑料大棚番茄持续高产的经验，随后河北、山东等地也涌现了一批日光温室蔬菜高产典型。从设施大棚中生产出的无公害、绿色、有机农产品的比例也在逐步增加。

3. 设施农业的类型

目前我国设施农业的种类很多，形式各异，一般分为塑料大棚、小拱棚（遮阳棚）、日光温室、玻璃/PC板连栋温室（塑料连栋温室）、植物工厂等。

（1）小拱棚

小拱棚（遮阳棚）的特点是制作简单，投资少，作业方便，管理非常省事。其缺点是不宜使用各种装备设施，并且劳动强度大，抗灾能力差，增产效果不显著。主要用于种植蔬菜、瓜果和食用菌等。

（2）塑料大棚

是我国北方地区传统的温室，农户易于接受，塑料大棚以其内部结构用料不同，分为竹木结构、全竹结构、钢竹混合结构、钢管（焊接）结构、钢管装配结构以及水泥结构等。总体来说，塑料大棚造价比日光温室要低，安装拆卸简便，通风透光效果好，使用年限较长，主要用于果蔬瓜类的栽培和种植。其缺点是棚内立柱过多，不宜进行机械化操作，防灾能力弱，一般不用于越冬生产。

（3）日光温室

日光温室有采光性和保温性能好、取材方便、造价适中、节能效果明显，适合小型机械作业的优点。天津市推广新型节能日光温室，其采光、保温及蓄热性能很好，便于机械作业，其缺点在于环境的调控能力和抗御自然灾害的能力较差，主要种植蔬菜、瓜果及花卉等。青海省比较普遍的多为日光节能温室，辽宁省也将发展日光温室作为该省设施农业的重要类型，甘肃、新疆、山西和山东日光温室分布比较广泛。

（4）连栋温室

有玻璃/PC板连栋温室和塑料连栋温室两类。

玻璃／PC板连栋温室，该温室具有自动化、智能化、机械化程度高的特点，温室内部具备保温、光照、通风和喷灌设施，可进行立体种植，属于现代化大型温室。其优点在于采光时间长，抗风和抗逆能力强，主要制约因素是建造成本过高。福建、浙江、上海等地的玻璃／PC板连栋温室在防抗台风等自然灾害方面具有很好的示范作用。塑料连栋温室以钢架结构为主，主要用于种植蔬菜、瓜果和普通花卉等。其优点是使用寿命长，稳定性好，具有防雨、抗风等功能，自动化程度高；其缺点与玻璃／PC板连栋温室相似，一次性投资大，对技术和管理水平要求高。一般作为玻璃／PC板连栋温室的替代品，更多用于现代设施农业的示范和推广。

（5）植物工厂

植物工厂是继温室栽培之后发展的一种高度专业化、现代化的设施农业。它与温室生产的不同点在于完全摆脱大田生产条件下自然条件和气候的制约，应用现代化先进技术设备，完全由人工控制环境条件，全年均衡供应农产品。目前，高效益的植物工厂在某些发达国家发展迅速，已经实现了工厂化生产蔬菜、食用菌和名贵花木等。美国现在正在研究利用“植物工厂”种植小麦、水稻，以及进行植物组织培养和脱毒、快繁。据报道，日本已有企业投资兴建了面积为1500平方米的植物工厂，并安装有农用机器人，从播种、培育到收获实现了电气化。由于这种植物工厂的作物生长环境不受外界气候等条件影响，蔬菜种苗移栽2周后，即可收获，全年收获产品20茬以上，蔬菜一般平均年产量是露地栽培的数十倍，是温室栽培的10倍以上。荷兰、美国采用工厂化生产蘑菇，每年可栽培6.5个周期，每周期只需20天，产蘑菇每平方米25.27千克。目前，世界上约有28个植物工厂。

标准化农业

1．标准化农业的概念

标准化农业是以农业为对象的标准化活动，即运用“统一、简化、协调、选优”原则，通过制定和实施标准，把农业产前、产中、产后各个环节纳入标准生产和标准管理的轨道。农业标准化是农业现代化建设的一项重要内容，它通过把先进的科学技术和成熟的经验组装成农业标准，推广应用到农业生产和经营活动中，把科技成果转化为现实的生产力，从而取得经济、社会和生态的最佳效益，达到高产、优质、高效的目的。农业标准化的内容十分广泛，主要有以下7项：农业基础标准、种子种苗标准、产品标准、方法标准、环境保护标准、卫生标准、农业工程和工程构件标准、管理标准等。

2．标准化农业特征

我国于2001年启动“无公害食品行动计划”，2002年全国各地高度重视农业标准化体系建设，并加以推广实施，这标志着我国农业标准化生产迈上了一个新的台阶。

（1）以标准需求为动因

要为人类提供标准农产品，无疑必须发展标准农业，以满足人们对标准农产品的需求：一是健康需求，即人们对农产品的标准需求应满足人们的健康需要，农产品各种物质的含量应与人们的健康需要相一致；二是多维需求，即人们对农产品的标准需求应满足人们的多维需求，也即不仅仅局限于营养和品尝需求，而且还包括卫生和审美需求；三是水平需求，即人们对农产品的标准需求总是随着人们生活水平的提高特别是生活质量水平的提高而提高。

（2）以标准产品为目标

标准农产品一般应具备四种统一标准。一是营养标准：人类要健康，这些营养素的数量必须能满足人体的要求，每一种农产品都包含若干种营养素，标准农产品所包含的各种营养素含量都必须达到统一的标准。二是品尝标准：即标准农业生产的农产品必须满足人们的品尝需要，符合人们的品感要求。三是卫生标准：即标准农业生产的农产品必须能满足人们健康需要，符合人们的健康要求，特别是有害物质含量绝对不能超标。四是审美标准：即标准农业生产的农产品还必须能满足人们的审美需要，符合人们的审美要求，产品外观要有美感，且同种产品外观要一致。

（3）以标准理念为指导

要发展标准农业、生产标准产品，必须树立农业标准化理念，以标准文化为向导，形成标准的思维方式，培育标准的行为方式，追求标准的农业事业。确切地讲，标准农业文化指的是在标准农业的产生、形成和发展的过程中，通过农业标准的制定、农业生产质量环境的营造、农业标准技术的研制、农业质量标准的监测、农业标准生产的管理，而形成的一种产业文化。标准思维方式指的是从农业标准化的角度去思考问题、认识问题、判断问题、审定问题。标准行为方式指的是在农业生产的过程中，自始至终、各个环节都围绕农业标准来进行。标准农业事业则是指通过农业标准的制定、农业生产质量环境的营造、农业标准技术的研制、农业质量标准的监测、农业标准生产的管理，生产标准农产品的过程。

（4）以标准文件为依据

标准文件包括如下四种：一是农产品质量标准：应包含农产品的营养、品尝、卫生和审美标准等内容。二是农业生产技术过程规程标准：应包含产地选择、备耕、规格、栽植、施肥、灌水、防治病虫害、收获等标准内容。三是农业投入品质量标准：应包括农业投入品的品种、规格、主要要素含量、有害物质残留量、用途和使用方法等标准内容。四是农业生产环境质量标准：应包含土壤肥力水平、水质、有毒物质限量、农田基本建设水平、空气、周围环境等标准内容。

（5）以标准环境为条件

环境标准应包括如下三个方面的内容：一是生态环境。产地周围的环境应达到良性循环的要求，不但植被状态好、水土保持好，而且植被之间、植被与水土之间、周围植被与产地之间形成互促互补的生物链；二是安全环境。即产地及其周围环境的有害物质，特别是土壤、水和空气中的有害物质含量应低于限量水平，不影响人体健康，符合生活质量水平日益提高的人们对安全质量的要求；三是地力环境。即产地土壤肥力水平达到高产稳产地力水平，即产地土壤的有机质、氮、磷、钾及其他微量元素含量丰富，比例协调，能满足高产优质作物生长发育的基本要求。

（6）以标准技术为手段

标准技术包含三个方面：一是农业生产环境质量控制技术。这一技术应以农业生产环境质量标准为依据，围绕标准农产品对农业生产环境的生态、安全、地力要求，通过植被营造、水土保持等生态措施，通过开挖环山沟、排除有害物质等安全措施和广辟肥源、用地养地等养地措施，使农业生产环境质量达到生产标准农产品的要求。二是农业投入品质量控制技术。农业投入品包括肥料、农药、激素、农膜等。这一技术也应以农业投入品质量标准为依据，环绕标准农产品对农业投入品的要求，通过对农业投入品生产原料的选择、把关，通过对农业投入品生产技术的运作和方法的操作，使农业投入品质量达到生产标准农产品的要求。三是农业生产过程质量控制技术。这一技术同样应以农业生产过程规程质量标准为依据，围绕标准农产品对农业生产过程规程的要求，通过园地选择、规划、备耕、种植规格、栽植、施肥、灌水、防治病虫害、盖膜、收获等技术的标准使用，使农业生产过程质量达到生产标准农产品的要求。

（7）以标准监测为约束

标准监测包含三方面的内容：一是农业生产环境质量监测。即监测农业生产环境之生态因素、安全因素和地力因素是否达到标准文件所要求、规定的质量水平。二是农业投入品质量监测，即监测肥料、农药、激素和农膜等农业投入品之主要理化指标是否达到标准文件的要求、规定的质量水平。三是农产品质量监测。即监测农产品之营养、品尝、卫生和审美要素是否达到标准文件所要求、所规定的标准水平。

（8）以标准管理为保障

标准管理包含如下内容：一是产地认定和产品认证体系，即国家必须建立权威的安全优质农产品的产地认定和产品认证机构。二是市场准入机制体系，即根据农产品分布和密集情况，设置相应的农产品安全质量监督机构，对农产品进行安全检查，符合安全质量要求的给市场准入证，允许进入市场，进入消费，否则予以拒绝，以维护消费者权益。三是品牌安全优质农产品评审体系，即建立国家授权、认可的品牌安全优质农产品评审机构，建立系统、规范、有序、理性的品牌安全优质农产品评审机制，定期对农产品进行评审，对荣获品牌安全优质农产品称号的，授予荣誉证书，以促进安全优质农产品向品牌的方向发展，提高品牌安全优质农产品的知名度和市场竞争力。四是对假冒伪劣农产品打击、制裁体系，即加强执法队伍的建设，以标准文件为依据，以安全优质农产品认证证书及其使用标志为凭证，以农业标准有关法律、法规为手段，开展对假、冒、伪、劣农产品的打击、制裁，以维护安全优质农产品的正常生产和市场营销。五是法律、法规体系，即以宪法为指导，根据我国的实际，制定一部关于农业标准化或标准农业的法律或法规，使农业标准化工作、标准农业生产纳入法律的轨道，并能够在法律的约束下有序、理性、规范、健康地向前发展。六是组织机构体系，即从中央到地方，建立、健全农业标准化工作机构，设置专门岗位，配备专门人员，装备专门设备，编制农业标准化工作专门路线图，使用农业标准化专门资料，执行农业标准化工作专门操作程序，以标准的组织机构，通过标准的工作，确保农业标准化工作有序、理性、规范、健康地向前发展。

精准农业

1. 精准农业的概念

精准农业是当今世界农业发展的新潮流，是由信息技术支持的根据空间变异，定位、定时、定量地实施一整套现代化农事操作技术与管理的系统，其基本涵义是根据作物生长的土壤性状，调节对作物的投入，即一方面查清田块内部的土壤性状与生产力空间变异，另一方面确定农作物的生产目标，进行定位的“系统诊断、优化配方、技术组装、科学管理”，调动土壤生产力，以最少的或最节省的投入达到同等收入或更高的收入，并改善环境，高效地利用各类农业资源，取得经济效益和环境效益。

2. 精准农业的特点

精准农业是在现代信息技术、生物技术、工程技术等一系列高新技术最新成就的基础上，发展起来的一种重要的现代农业生产形式，其核心技术是地理信息系统、全球定位系统、遥感技术和计算机自动控制技术。

（1）现代信息技术

精准农业从20世纪90年代开始在发达国家兴起，目前已成为一种普遍趋势，英国、美国、法国、德国等国家纷纷采用先进的生物、化工乃至航天技术使精准农业更加“精准”，美国把曾在海湾战争中运用过的卫星定位系统应用于农业，这种技术被称为“精准种植”，即通过装有卫星定位系统的装置，在农户地里采集土壤样品，取得的资料通过计算机处理，得到不同地块的养分含量，精准度可达1～3平方米。技术人员据此制定配方，并输入施肥播种机械的电脑中。这种机械同样装有定位系统，操作人员进行施肥和播种可以完全做到定位、定量。还可将卫星定位系统安装在联合收割机上，并配置相连的电子传感器和计算机，收割机工作时可自动记录每平方米农作物产量、土壤湿度和养分等的精确数据。

（2）现代生物技术

现代生物技术最显著的特点是打破了远缘物种不能杂交的禁区，即用新的生物技术方法开辟一个世界性的新基因库源泉，用新方法把需要的基因组合起来，培育出抗病性更强、产量更高、品质更好、营养更丰富，且生产成本更低的新作物、新品种。另外，还具有节约能源、连续生产、简化生产步骤、缩短生产周期、降低生产成本、减少环境污染等功效。例如，美国把血红蛋白转移到玉米中，不仅保持了玉米的高产性能，而且提高了它的蛋白含量。抗转基因水稻、玉米、土豆、棉花和南瓜等已在美国、阿根廷、加拿大数百万公顷土地上试种。

微生物农业是以微生物为主体的农业。微生物在合成蛋白质、氨基酸、维生素、各种酶方面的能力比动物、植物高上百倍；微生物还可利用有机废弃物，变废为宝、保护生态环境。利用有益微生物，不仅可获得大量生物量，用于制作食用蛋白质以及脂肪、糖类等专门食品，而且在生物防治、土壤改良方面也有突出表现。

（3）现代工程装备技术

现代工程装备技术是精准农业技术体系的重要组成部分，是精准农业的“硬件”，其核心技术是“机电一体化技术”。在现代精准农业中，现代工程装备技术可以应用于农作物播种、施肥、灌溉和收获等各个环节。

精准播种就是将精准种子工程与精准播种技术有机结合，要求精准播种机播种均匀、精量播种、播深一致。精准播种技术既可节约优质种子，又可使作物在田间获得最佳分布，为作物的生长和发育创造最佳环境，从而大大提高作物对营养和太阳能的利用率。

精准施肥是能根据不同地区、不同土壤类型以及土壤中各种养分的盈亏情况，作物类别和产量水平，将氮、磷、钾和多种可促进作物生长的微量元素与有机肥加以科学配方，从而做到有目的地施肥，既可减少因过量施肥造成的环境污染和农产品质量下降，又可降低成本。要求有科学合理的施肥方式和具有自动控制的精准施肥机械。

精准灌溉是指在自动监测控制条件下的精准灌溉工程技术，如喷灌、滴灌、微灌和渗灌等，根据不同作物不同生育期间土壤墒情和作物需水量，实施实时精量灌溉，可大大节约水资源，提高水资源有效利用率。

精准收获则是利用精准收获机械做到颗粒归仓，同时，还可以根据事先设定的标准准确地将产品分级。

信息化农业

1. 信息化农业的概念

信息化农业就是集知识、信息、智能、技术、加工和销售等生产经营要素为一体的开放式、高效化的农业。其核心是农业信息化。从计算机用于农业的时候算起，现在已经发展到了包括信息存储和处理、通讯、网络、自动控制及人工智能、多媒体、遥感、地理信息系统、全球定位系统等阶段，出现了“智能农业”“精准农业”“虚拟农业”等高新农业技术。

农业信息化是指信息及知识越来越成为农业生产活动的基本资源和发展动力，信息和技术咨询服务业越来越成为整个农业结构的基础产业，以及信息和智力活动对农业增长的贡献越来越大的过程。

伴随经济全球化和信息全球化的到来，信息化技术已渗透到各个行业、各个领域，有力地促进了全球经济与社会的发展。西方国家的农业已发展到信息化阶段，其农业信息已经全面实现了网络化、全程化和综合化，农业信息技术已进入产业化发展阶段。从国内来看，我国农业信息化起步于20世纪80年代，发展于90年代。1994年我国开始启动“金农工程”，其目的是加速和推进农村和农业信息化，建立“农业综合管理和服务系统”。在“十五”期间，我国“金农工程”和农业信息化重点项目包括“农村市场信息服务行动计划工程”“农业智能化信息管理与服务工程”“农业卫星定位系统（GPS）、农业遥感信息系统（RS）、地理信息系统（GIS）”农业3S应用工程。到目前为止，我国已形成以农业部为中心，连接31个省、自治区、直辖市农业厅的信息网络平台，全国90%以上的市、县农牧局都建立了信息服务机构，绝大多数还建立了局域网。

2. 信息化农业案例——欧盟农业信息化服务模式

（1）欧盟的农业信息服务

欧盟官方农业信息服务机构主要有欧洲统计局、欧盟农业委员会、农场会计网委员会和农业理事会。

①欧盟农业信息收集机构欧洲统计局和农场会计网委员会负责欧盟农业信息收集和标准化处理。在欧盟各成员国设联络处收集农业信息，其设计的调查问卷非常标准，便于成员国之间比较。联络处在收集农业数据时，经常与当地农业科研机构合作。联络处可能亲自拜访样本农户汇集信息，也可能把调研任务发包给当地会计事务所、大学、农业协会或其他机构。

②欧盟农业信息发布机构农业理事会是欧盟主要的信息发布机构，其发布各类农业信息的程序为：分析农业数据—撰写报告草稿—欧委会农业委员会审议通过—欧委会许可发布农业信息（以电子、传统出版物或新闻发布会的形式）。

农业理事会主要信息服务项目有政策报告、新闻发布、农产品市场形势和预测、农产品市场价格公报、农业统计信息和研究报告。欧盟每年提供4份农产品市场价格季度报告和1份年终综合报告。这些报告均以英国、法国、德国、意大利等6国语言撰写。

（2）欧盟农业信息的主要使用者

欧盟政府和农产品生产经营者（农场主、农产品加工企业等）都是欧盟农业信息的主要使用者，但在这两者中又以政府使用为主，政府通过分析各类农业数据制定农业政策和法令，并对市场进行宏观调控。除政府外，欧盟农产品生产经营者也是农业信息的主要利用者之一，这些农场主和企业家主要通过订阅农业期刊、报纸和利用因特网获取信息。

（3）欧盟农业信息服务渠道

欧盟许多知名农业杂志都有自己的网站，如英国最受欢迎的杂志《农场主周报》的域名为http: //www. fwi. co. uk。

欧盟农业信息服务网站提供的服务类型主要有：①农产品市场价格走势，如农业在线（http: //www. agcentralonline. com）以提供市场价格走势为主。②气象预报服务，代表性网站http: //www. defra. gov. uk。③科技信息，如家畜改进公司网站（http: //www. lic. co. nzandex. html）提供最新的新西兰奶牛基因工程、人工繁殖、牛群测定、饲养管理等方面的信息。④专家在线咨询，如http: //directag. com/di–rectag/expert提供农艺学家、牲畜养殖顾问和奶牛专家与农户在线交互式服务。⑤提供各类农产品生产经营和管理工具，如http://www. agrnet. ie为农业生产者提供各类农产品经营管理软件和各类表格；http://www. foi. co. uk/live/markets/m1–cfront. html为牛肉经营者提供牛肉收益率计算软件等。

第四章

生态农业

第一节　生态农业的内涵及特征

生态农业产生的背景

生态农业最早于1924年在欧洲兴起，20世纪30—40年代在瑞士、英国、德国、日本等得到发展；60年代欧洲的许多农场转向生态农业，70年代末东南亚地区开始研究生态农业；至90年代，世界各国均有了较大发展。建设生态农业，走可持续发展的道路，已成为世界各国农业发展的共同选择。

生态农业的兴起主要是由于一些发达国家伴随着工业的高速发展，造成了生态危机：土壤侵蚀、化肥和农药用量上升、能源危机加剧、环境污染。由污染导致的环境恶化也达到了前所未有的程度，尤其是美、欧、日一些国家和地区工业污染已直接危及人类的生命与健康。这些国家感到有必要共同行动，加强环境保护以拯救人类赖以生存的地球，确保人类生活质量和经济健康发展，从而掀起了以保护农业生态环境为主的各种替代农业思潮。法国、德国、荷兰等西欧发达国家也相继开展了生态农业运动。日本的生态农业，始于20世纪70年代，其重点是减少农田盐碱化，农业面源污染（农药、化肥），提高农产品品质与安全性。菲律宾是东南亚地区开展生态农业建设起步较早、发展较快的国家之一，玛雅（Maya）农场是一个具有世界影响的典型，1980年在玛雅农场召开了国际会议，与会者对该生态农场给予高度评价。生态农业的发展在这时期引起了各国的广泛关注，无论是在发展中国家还是发达国家，都认为生态农业是农业可持续发展的重要途径。

20世纪90年代后，特别是进入21世纪以来，实施可持续发展战略得到全球的共同响应，可持续农业的地位也得以确立，生态农业作为可持续农业发展的一种实践模式和一支重要力量，进入了一个蓬勃发展的新时期，无论是在规模、速度还是在水平上都有了质的飞跃。如奥地利于1995年即实施了支持生态农业发展特别项目，国家提供专门资金鼓励和帮助农场主向生态农业转变。法国也于1997年制定并实施了“生态农业发展中期计划”。日本农林水产省已推出“环保型农业”发展计划，于2001年4月正式执行。发展中国家也已开始绿色食品生产的研究和探索。一些国家为了加速发展生态农业，对进行生态农业系统转换的农场主提供资金资助。美国一些州政府就是这样做的：依阿华州规定，只有生态农场才有资格获得“环境质量激励项目”；明尼苏达州规定，有机农场用于资格认定的费用，州政府可补助2/3。这一时期，全球生态农业发生了质的变化，即由单一、分散、自发的民间活动转向政府自觉倡导的全球性生产运动。各国大都制定了专门的政策鼓励生态农业的发展。

生态农业的内涵

自农业诞生以来，农业与生态学之间就存在着密切关系。我国在秦汉时期就确定了二十四节气，有些节气如惊蛰、谷雨就反映了农作物、昆虫与气候之间的联系。在西方，古希腊哲学家不但注意到了气候、土壤与植物生长和病害的关系，也注意到了不同地区植物群落的差异。农业从其开始就与生态学有关，生态学知识在由狩猎、采集转变为固定农业的进程中起着决定性作用。

1. 国外生态农业的定义

生态农业是指按照生态学原理和经济学原理，运用现代科学技术成果和现代管理手段，以及传统农业的有效经验建立起来的，能获得较高的经济效益、生态效益和社会效益的现代化高效农业。它要求把发展粮食与多种经济作物生产，发展大田种植与林、牧、副、渔业，发展大农业与第二产业、第三产业结合起来，利用传统农业精华和现代科技成果，通过人工设计生态工程、协调发展与环境之间、资源利用与保护之间的矛盾，形成生态上与经济上两个良性循环，经济、生态、社会三大效益的统一。

2. 生态农业的内涵

生态农业基本内涵要点是“因地制宜利用中国传统农业的精华和现代科学技术，依据整体、协调、循环、再生的原则，运用系统工程方法建立起来的农业生产体系，实现农业生产的高产、优质、高效和持续发展，达到生态与经济系统的良性循环和经济、生态、社会三大效益的统一”。生态农业必须有一个自我维持的系统，千方百计地使能量投入减少到最低限度，一切副产品都要通过再循环，提倡使用降解生物及植物固氮、通过施用有机质、作物轮作以及施用有机肥维持土壤肥力；多种经营一般要包括种植业、养殖业和加工业等产业。在养殖和种植中，要考虑两者之间有适宜的比例关系：单位面积的净生产量必须高产。从一些生态农业模式和生态农场所获得的产量应保证能够被人们所接受；实行生态农业的农场是小型的，应控制投资和增加雇佣人员，提供更多的就业机会，减少人口流入城市；生态农业在经济上必须可行；农产品应当在农场内部加工，既增加就业机会，又降低农产品的价格；生态农业在美学和道德伦理上能够被人接受（中国农业现代化建设理论、道路与模式研究组，1996）。

生态农业的特征

生态农业是生态工程在农业上的应用，它运用生态系统的生物共生和物质循环再生原理，结合系统工程方法和近代科技成就，根据当地自然资源，合理组合农、林、牧、渔、加工等比例，实现经济效益、生态效益和社会效益三结合的农业生产体系。我国生态农业具有的特点：一是通过建立合乎生态原则的生产系统，达到对能源、资源和劳动力的有效运用，解决粮食供应，为农民提供就业机会，从而发展高效农业；二是通过建立更全面的土地利用和规划系统，使发展的程度和速度不至于超越资源的承载能力，自然资源不会消耗过量，保护环境不致退化，确保农业发展的可持续；三是农民收入增加，生活环境得到改善，达到协调发展农村经济的目的。生态农业主要特征有：

1. 生物多

生物是农业生产的“机器”，绿色植物是农业生产的“初级生产者”。没有绿色植物“参与”，就不称为农业生产，就没有种植业生产。没有种植业生产就不会有畜牧业生产。据有关资料，生态农业的生物种类和数量是一般生态农业的2～3倍，甚至是3～5倍或更高。

2. 环境佳

发展生态农业的前提和基础是环境优良，只有在环境良好的地方才能发展生态农业；而生态农业的生产过程实际上是农业生态环境改造、改良和优化过程；发展生态农业的结果，应使地力常新壮、生态有改善、环境变优良。总之，发展生态农业，有利于改善和优化生态环境。

3. 结构良

一是物种结构良：组成生态农业的生物种类多、数量丰富。二是时间结构良：组成生态农业的多种生物结构，在时间（季节）上分布合理，相互“重叠”、“镶嵌”，且往往“1天当2天用”，做到“超额用季、时间”（如间作、混作、套作和复种等）。三是空间结构良：在空间上通过间、混、套作立体种植，多层次利用空间的光、热、气、肥等各种资源，实现立体用光、立体利用资源的目的。四是营养结构良：组成生态农业的生物与生物、生物与环境以及环境因子之间，在营养结构上存在“吃”与“被吃”、“影响”与“被影响”的食物链关系，这种关系使系统的自然资源与社会经济资源得到充分利用，并形成“无废物”、“无污染”的生态农业结构。

4. 功能强

一是具有强大的物质循环、能量流动、信息传递和价值增值功能；二是具有强大的物质生产能力，在同等耕地面积上或同等资源利用条件下，能产出种类更多、数量更高、质量更优的农产品；三是具有强大的抗灾减灾能力和抵御逆境的能力。因此，生态农业稳产效果良好。

5. 质量优

一是安全：生态农业生产出来的农产品均为绿色产品、有机产品，为安全、放心的农产品。二是营养：生态农业生产出来的农产品，不仅安全、放心，而且有很高的营养价值，对人们膳食营养结构的改善非常好。

6. 效益高

一是经济效益高：根据生产实践，生态农业经济效益高于一般生产经济效益3～5倍或5～8倍，有的甚至高达10～20倍。二是社会效益好：生态农业提供的有机产品、绿色产品，深受群众喜爱和社会欢迎。三是生态效益佳：生态农业重视环境保护，强调生物多样性，强调人与自然的和谐相处、协调发展。因此，从长远来讲，发展生态农业有利于实现农业和经济社会的可持续发展。

7. 低排放

当前，全球气候变化已成为国际关注的热点问题。减少CO_2温室气体排放，减缓全球气候变暖，已是国内外农业发展模式必须考虑的重要问题之一，也是衡量模式优劣的重要标准之一。生态农业，以资源节约、环境友好、人与自然和谐为主要特征，提倡节肥减药、清洁生产、循环利用，明显是一种典型的低能耗、低污染、低排放的农业发展模式。

8. 可持续

生态农业是一种结构合理、功能强大的农业发展模式；生态农业不仅经济效益高，而且社会效益好、生态效益佳；生态农业生产出来的农产品不仅质量优，而且具有营养保健作用。因此，生态农业是一种综合效益好、深受国内外欢迎、可持续发展的新型现代农业发展模式。

当前我国发展生态农业的现实意义

1. 发展生态农业有利于促进农业的可持续发展

生态农业的生产技术有利于防治环境和农产品的污染。因为，生态农业的生产过程要求无污染，所以，生态农业技术无论是栽培技术、施肥技术，还是病虫害防治技术、收获加工技术等都不会对环境造成污染，相反，还会有利于生态环境的保护与改善，有利于农业生产在生态上的可持续性。同时，生态农业生产技术的运用、监控也保证了农产品的安全性。这是生态农产品生产从“土地到餐桌”全程质量控制的必然结果，从而有效地促进了保护生态环境的目的的实现。

2. 发展生态农业有利于加快社会主义新农村的建设

生态农业作为一种生态经济优化的农业经济体系，在指导思想上明确了以经济发展与环境、自然资源的持续承受能力相适应，在不危及后代需要的前提下寻求满足当代人需求的发展途径，实现经济、生态和社会效益的优化与统一，这一指导思想与新农村建设的目标要求相适应。建设新农村的目标要求是“生产发展、生活宽裕、乡风文明、村容整洁、管理民主”，彼此之间是互相促进、相辅相成的，统筹发展这五项要求才能建设好新农村。通过生态农业建设，有助于调整农业生产结构，改变农业增产的单一方式，优化农业生产布局，推进农业产业化经营，提高农业综合生产能力，发展高产、优质、高效、生态、安全农业，促进农业和农村经济发展，增加农民收入，改善农业和农村生态环境，推进乡风文明建设，为加速社会主义新农村建设奠定雄厚的物质基础基础。因此，发展生态农业体现了社会主义新农村建设的本质要求，是增强社会主义新农村建设发展能力的根本途径，也是建设社会主义新农村必须要走的生态农业道路。

3. 发展生态农业有利于实现经济、社会和环境的和谐发展

在科学发展观的指导下，建立人与自然和谐发展的有效机制，重视节约资源、保护环境、大力发展循环经济，建设节约型社会，是今后更好地推动经济社会发展的战略指导方向。我国农村经过30年的改革开放发生了巨大变化，然而农村存在诸多不和谐的因素，土地资源相对短缺，耕地面积在不断减少，而人口还继续增加。到2030年前后，中国人口将达到16亿，农村剩余劳动力的转移已成为农村可持续发展的障碍。解决好“三农”问题是建设社会主义和谐社会的关键，其重点、难点和焦点也都在农村。当前，我国农业的健康发展、如何体现科学发展观的需求紧迫，而大力发展循环经济、发展生态农业无疑是一条很好的途径。生态农业坚持以科学发展观为指导，以人为本，因地制宜，合理规划，稳步实施，建设有利于高效利用资源、减少废弃物排放造成的污染，有利于改善生态环境，实现农产品的清洁生产和无害化，保障人们的身体健康。建设生态农业对于协调经济发展和资源利用、加强环境保护、统筹人与自然和谐发展、促进社会全面进步有着非常重要的现实意义。

中国生态农业发展趋势

随着新时期经济社会的发展与资源环境瓶颈，为实现农业可持续发展的目标，当前中国生态农业应继续创新，适应社会经济发展的新形势，努力实现以下几个方向的突破。

1. 从农产品的多级利用和内部循环转向多产业开放性的生态农业

中国的生态农业强调通过不同工艺流程间的横向耦合及资源共享，建立农业生态系统的“食物链”和“食物网”，以实现物质的再生循环和分层利用，去除一些内源和外源的污染物，达到变污染负效益为资源正效益的目的。当前，中国生态农业主要利用农业产业内部模块之间的有机链接关系来实现物质的循环利用，并取得了巨大的成绩。生态农业应逐步改变自给性生产理念，而转向与工业有机地结合，以农产品加工为纽带，一头连接市场，一头连接生产和流通领域，实行产加销一体化的一、二、三产业网络型链条。集生产、流

通、消费、回收，构建产业化的种养加工及废弃物还田的食物链网结构，有效利用资源、信息、设施和劳力，形成良性“循环经济”结构框架。

2. 从以追求产量为主转向多功能农业

中国的生态农业注重采取不同农业生产工艺流程间的横向耦合，达到提高产品产量的目标。例如通过物种多样性来减轻农作物病虫害的危害，提高作物产量。研究表明，水稻品种多样性混合间作与单作优质稻相比，对稻瘟病的防效达81.1%~98.6%，减少农药使用量60%以上，增产630~1040 kg/hm^2；调查结果表明，由于多样化产品产出，稻鱼共作的净收入比常规单作高2144 元/hm^2。生态农业的发展，应强调经济、生态与社会效益的全面提高，突破单一狭隘的产业限制，通过多种物质产品的提供来满足消费者的需求；通过系统中有机物质的循环，产生较高的经济效益和环境效益；同时，还应将农村人民的脱贫致富和农村劳动力的就业安排摆在重要位置。

3. 从以传统知识的继承为主走向传统精华与现代技术的融合

中国的生态农业重视对传统知识的传承，不仅要求继续和发扬传统农业技术的精华，注意吸收现代科学技术，而且要求对整个农业技术体系进行生态优化，并通过一系列典型生态工程模式将技术集成，发挥技术综合优势，从而为我国传统农业向现代化农业的健康过渡，提供了基本的生态框架和技术雏形。

当前的生态农业侧重于挖掘传统农业技术精华，强调农业废弃物资源化利用，结合农村能源综合建设，以沼气为纽带的生态农业示范户较多；种植业提倡立体种植，强调多种经营，提高土地生产力；注重大农业系统的农、林、牧、渔等各业的有效综合。

生态农业技术开发的重点是加大高科技含量。为完善与健全“植物生产、动物转化与微生物还原”的良性循环的农业生态系统，开发、研究以微生物技术为主要内容的接口技术；运用系统工程方法科学合理地优化组装各种现代生产技术；通过规范农业生产行为，保证农业生产过程中不破坏农业生态环境，不断改善农产品质量，实现不同区域农业可持续发展目标。其中，在寻求生态经济协调发展且有市场竞争力主导产业的同时，建立新型生产及生态保育技术体系和技术规范，环境与产品质量保证控制监测体系，建立与完善区域及宏观调控管理体系，形成农业可持续发展的网络型生态农业产业。

4. 从关注数量走向数量与质量并重

在长期生产实践中创造和积累的传统技术、知识和经验以及民间艺术、传统宗教文化，对于提高食品质量和保证食品安全有一定的价值。生态农业的理念重视在源头尽量减少化肥、农药、畜禽粪便等污染土壤和水的可能性，其在生态关系调整、系统结构功能整合等方面的微妙设计，利用各个组分的互利共生关系，使其在发展高品质农产品时具有天生的优势。

5. 从着眼生产环节为主转向规模化

随着市场经济的发展，由于生产规模小、分散化程度高，生产方式和技术不能适应市场多样化的要求等，小农经济与大市场之间的矛盾越来越突出，产业化成为生态农业发展的重要内容和发展趋势。生态农业产业化应以人与自然和谐发展为目标，以市场需求为导向，依托本地生态资源，实行区域化布局、专业化生产、规模化建设、系列化加工、一体化经营、社会化服务、企业化管理，寻求农业生产、经济发展与环境保护相协调的道路。总的看来，中国生态农业产业化有所发展，但仍处于一个低水平和初级阶段。农业产业的发展环境相当薄弱，农业企业、农村经济、农民素质、基础设施以及产业意识还有待于提高和完善。对中国生态农业发展中正反两方面的经验，进行总结分析，寻求发展与突破的基本思路是放眼国际市场、明晰产品标准、立足区域特色、发挥品牌效应、规范基地生产、拓展增值加工、提升竞争能力。

6. 从简单的农业生产转向文化传承与农村可持续发展

文化传承的重点在于发掘并保护农业文化遗产。首先，应在全国范围内开展农业遗产和非物质文化遗产的抢救性发掘工作，以村落作为农业遗产的主体，全面展示传统工艺、传统技术、传统生活；其次，强化保护，积极利用。保护需要一个动力机制，这个动力机制的根本是一个新型的利益机制，才能把农民的积极性调动起来，保护才能落实到底。文化遗产的保护和利用必然是紧密相关的，保护要和市场的发展结合在一起，适度集中，进行体系分工，挖掘扩大市场，生成可获得经济效益的价值，从而又促进遗产的保护，形成良性循环。总之，传承传统文化是为了创造新的农业文明，重点是通过市场需求，通过差异性的规划，通过创造性的策划，将文化农业作为持续性、永续性的事业发展起来。

我国的生态农业既是农业发展的一种战略决策，也是一种农村地区可持续发展模式。它既包含构建不同类型、适应当地生态经济条件的生态经济系统、生产组分及动植物种群结构，也包括集成的生态技术和相应的管理模式。

中国的生态农业植根于中国的文化传统和长期的实践经验，结合了中国的自然—社会—经济条件，符合生态学和生态经济学的基本理论，为解决中国农业发展面临的问题提供了一条符合可持续发展的道路。中国的生态农业，从无到有，起步于农户，试点示范于村、乡、镇、县，重点发展县域生态农业建设，走出了一条快速、健康发展的道路。

第二节　生态农业的理论基础

生物与环境协同进化原理

在生态系统中，生物与环境是一个相互作用的统一体。环境影响生物，生物亦影响环境。受生物影响而发生变化的环境，反过来又影响生物，使两者处于不断的相互影响和相互协调的进化之中，这就是生物与环境的协调进化原理。

生态农业遵循这一原理，可因地制宜、合理进行作物布局，用养结合，保证环境资源的永续利用。在实践运用该原理时，一要根据地域生态环境条件，安排生态适应性好的物种，获得比较高的生产力；二要注重生态环境的保护。否则，环境破坏将使得生态平衡失调，如土壤退化、水土流失等，农业生产力降低以至衰退。

生物种群相生相克原理

相生相克是指一种植物通过向环境释放某些化学物质，在其周围形成一个微环境区域，从而抑制或促进该区域内其他植物生长的现象，也称为生化他感或化学交感。生态系统中的生物之间，通过食物营养关系相互依存，相互制约。因食物链的量比关系，促使相邻的营养级上的生物，其个体数目、生物量或能量都有一定的量比关系。

生态农业常常以农牧结合为农业生态系统结构的核心，首先，要调整农牧之间的营养关系，寻求种植业与养殖业之间的物质供给平衡。其次，在生态农业系统的构建中，要应用各种生物种群的相生相克原理，组建合理高效的复合生态系统，在有限的空间、时间内容纳更多的物种，生产出更多的农产品。

能量多级利用与物质循环再生原理

生态系统中的食物链既是能量传递链，也是一条物质循环转换链，还是一条价值增值链。在生态系统中，能量沿着食物链传递具有“十分之一定律”，因此，食物链越短，结构越简单，净生产力就越高。

在构建农业生态系统结构时，就要设计合理的食物链，系统中的物质分层分级利用，使得光合产物转化增值，还要做到废弃物资源化，达到物尽其用。生态农业要尽可能适量或较少的外部物质投入，通过立体种植及选取自然归还率较高的作物，采用合理的轮作技术，增施有机肥等建立良性的物质循环体系，注重物质再生利用，使养分尽可能在系统中反复循环利用，提高营养物质的转化和利用效率。

结构稳定性与功能协调性原理

农业生态系统是一个开放的半人工生态系统，为了保证系统合理的输入和输出，就必须建立协调的物质输入和输出关系。在农业生产中，若某一物质投入量过大，就可能在生态系统中产生滞留并带来结构的非稳定态；反之，若物质输出量过大而输入不足，就可能使生态系统的资源耗竭，导致系统崩溃。

当前我国农业生产中就出现了化肥投入大或超量，有机肥投入不足，带来两种后果。一是导致农业对化肥的依赖，化肥用量越来越高；二是我国大量的作物秸秆和畜禽粪便被浪费掉，加剧了农业面源污染，而在麦收和秋收季节，大量的秸秆被焚烧，污染大气，导致雾霾天气增加，还会影响交通。在生态农业中要注重农区作物秸秆的综合利用。

生态位原理

生态位（niche）是生态学中一个基本的概念，由J. Grinnel（1917，1924，1928）提出，最初是在研究生物物种间竞争关系时产生的，该原理的内容主要指在生物群落或生态系统中，每一个物种都拥有自己的角色和地位，即占据一定的空间，发挥一定的功能。自然生态系统中的物种或种群首先只有生活在适宜的微环境中才能得以延续，随着有机体的发育，它们能改变生态位。生态位理论表明：在同一生境中不存在两个生态位完全相同的物种；在一个稳定的群落中，没有任何两个物种是直接竞争者，不同或相似物种必然进行空间、时间、营养或年龄等生态位的分异和分离；群落是一个生态位分化了的系统，物种在生态位直接常常会发生不同程度的重叠现象，只有生态位上差异较大的物种，竞争才能缓和，物种之间趋向于相互补充，而不是直接竞争。

农业生态系统中的生态位丰富、充实，有利于系统组分多样化，生态系统稳定性强、生产力高。而实际的农业生态系统中，常常存在许多空白生态位，应由人工去填补占位，这种人工填补占位能否成功，主要取决于人们对物种的生态条件及其周围关系认知的程度。

整体效应原理

生态系统具有系统功能的整合特性，整体功能大于各个组成部分功能之和。农业生态系统内能量流、物质流、信息流和价值流不断进行着转化、传递、交换以及各种补偿活动，各组分间还进行着正、负反馈作用。促使这一系统的整体纳入良性循环的轨道，是人们决策的目标和控制的方向。农业生态系统的整体功能高，既能流转化效率高、物流的循环规模大、信息流的传递通畅、价值流的增值显著，还意味着该系统的稳定性高。

食物链原理

生态系统中贮存于有机物中的化学能在生态系统中层层传导，通俗地讲，是各种生物通过一系列吃与被吃的关系彼此联系起来的序列，被称为食物链。各种生物以其独特的方式获得生存、生长、繁殖所需的能量，生产者所固定的能量和物质通过一系列取食的关系在生物间进行传递，如食草动物取食植物，食肉动物捕食食草动物，这种不同生物间通过食物而形成的链锁式单向联系称为食物链。不同食物链交织在一起就构成食物网。这两个是生态学重要的原理，正是这种食物链关系使得生态系统维持着动态平衡。在生态果园养鸡或鸭，通过鸡或鸭吃虫，不用农药，减少对环境的污染。

生态效益、社会效益和经济效益统一原理

农业是人类的一种经济活动，生态农业概莫能外，其目的是为了增加产出和增加经济收入。在生态经济系统中，经济效益与生态效益具有多重关系。既有同步关系，又有异步关系。当两者同步时，经济效益与生态效益自然而然就可以协调；当两者异步时，既要有重点，又不可偏废，相辅相成。因此，在生态农业中，为了获得高生态效益的同时，求得较高经济效益。

第三节　生态农业的类型、模式及其技术体系

生态农业的类型

1. 生态农业类型的含义

所谓类型就是由各个特殊的事物或现象抽出来的共同点，具有共同特征的事物所形成的种类。

2. 生态农业类型分类的依据

（1）农业生态系统结构是分类的首要依据

对于生态系统而言，生态系统的结构决定其功能。生态系统的结构由组分、各组分空间排列和出现的时间顺序、各组分之间的联系方式及其所具有的特征来决定。农业生态系统的功能是通过结构来实现的。

（2）社会经济条件和地理因素是分类的重要依据

农业生产与社会经济条件、交通区位、地理位置、自然资源、自然环境和人工环境等因子密切相关。其中，最主要的影响因子是人。因此，在对生态农业分类时，社会经济、地理因素等诸多因子必须要加以考虑，且是分类的重要依据。

（3）资源利用程度是分类不可缺少的依据

在农业所有资源中，土地、淡水越来越成为稀缺资源，因此，土地集约

利用、水资源的高效利用程度是生态农业分类不可缺少的依据。

（4）主产品或主业为生态农业分类不可或缺的依据

以单一主产品（粮食、蔬菜、肉蛋奶等）为优势的生态产业，如种植业类型、林果业类型；两个或两个以上主产业的生态农业，如农牧结合的生态农业类型。

（5）技术因素为生态农业分类的依据

生态农业是以现代科技为支撑的技术和资本密集型产业。现代科技提高了农业生产要素质量、农业生产结构和资源配置方式，成为现代农业发展的重要推动力量。科技一方面物化了现代生产的物质资料；另一方面提高了人们的技术素质、管理水平等，因此，在对生态农业进行分类时，技术因子是一个不容忽视的分类依据之一。

（6）生态农业的复合度

在一个生态农业中，有两种或两种以上组分构成，就形成了一个复合生态系统。复合度就是在一定单位土地面积或单位耕地面积上，不同作物组分所占的面积的比值或不同组分产值之间的比例。对于种植类型生态农业，某一作物所占面积越大，则该作物在该生态农业中所处地位越重要。复合度主要是用其他作物所占面积与粮食作物所占面积的比值。若复合度小于1，粮食作物播种面积大于其他作物，以粮食作物为主；复合度等于1，两者同等重要；复合度大于1，以其他作物为主。

3. 生态农业的分类原则

生态农业的分类要以生态农业系统的结构、功能、特征和所依据的主要生态经济学原理作为主体，强调系统结构的整体优化和功能的高效持续，挖掘内部潜力注重因地制宜发展生产。

（1）层次性原则

生态农业具有系统性。因此，在对生态农业分类时要按照一定的标准划分若干等级，形成一个有机联系、层次分明的分类体系。

（2）简明性原则

分类本身又不能过于复杂，简单明了、易于推广；同时，还要尽量与传统方法和习惯用法相吻合，以免产生歧义。

（3）区域性原则

不同区域都有不同的自然环境、地形地貌和社会、经济、技术条件等，充分考虑到这种差异性，才能显示生态农业的区域特征，增强分类的地域直观性。如山区、丘陵和平原之间，生态农业就因地理条件的不同，造成较大的差异。

（4）实用性原则

对于生态农业的分类，并不是分类系统越复杂越好，只要能够将一个区域的生态农业存在情况反映出来，同时，便于操作就好。否则，就起不到分类指导作用。

4. 生态农业的类型划分

根据调查，并综合已掌握的有关资料，依据科学性、实用性、简洁性和主导性原则，将生态农业划分为以下8种类型：

（1）立体利用型

全方位立体利用土地资源是生态农业增产增效的基础，也是基本的有效模式之一，如四川省的“山顶松树戴帽，山间果竹缠腰，山下水稻鱼跃，田间种桑放哨”；广东省的“山顶种树种草，山腰种茶种药，山下养鱼放牧”；江西省“顶林腰果谷农塘鱼”；河北省的“松槐帽，干果腰，水果脚”等。这些立体型生态农业模式，由于简单直观、操作方便、实践效果显著，受到广大农民欢迎。

（2）生物共生型

利用生物之间共生、互利、双赢的关系，将不同生态位、不同生长发育特性的生物组合在一起，形成结构上互补、功能上互惠、效益上互利的复合生态系统。这种生态系统可以大幅提高系统的物质循环、能量流动速率和效率，提升系统的整体功能。当前，生产上常见的生物共生型生态农业模式有：稻田养鱼、稻鸭共栖、稻—萍—渔复合系统、棉田养鸡、枣粮间作、果药复合、林蛙共生等。

（3）多业结合型

多业结合型生态农业模式，就是将农、林、牧、副、渔“五业”有机地结合起来，形成“结构合理、功能完善、资源利用充分、系统效益全面”的高效良性循环系统，这是实现农业可持续发展的重要模式和基本途径。如中国南方各地广泛存在的种稻养猪、种草养牛（养兔、养鹅）、种植饲料作物（大豆、甘薯、玉米等）发展畜牧业等“农牧”结合模式。

（4）产业延伸型

生态农业，作为现代农业发展的重要模式之一，也必然强调“高值”。将农业生产中的主产品或副主品进行加工增值，尤其是进行多层次的精加工、深加工，尽可能地延伸产业链条，努力实现生产的产业化，促进产、加、销、贸一体化。这一产业延伸型的生态农业模式，将极大地增加农业产业的整体效益，真正实现农业的“高值”、“高效”。

（5）科技带动型

科学技术是第一生产力，现代农业的发展离不开科学技术进步。同样，生态农业的发展，必然是科技成果的转化和应用，是科技进步的必然结果。如上海市近年来大力推广“科技化+生态技术”的科技带动型生态农业模式；同时，大力加强建设农业标准化示范区或标准化生产基地，已建有农业标准化生产基地1400多个，示范面积达到66.7万hm^2以上；并大力建设生态农业产业园区，如崇明前卫村、孙桥生态农业产业园区等，极大地提高了农业效益，促进了现代农业的快速发展，加快了农业现代化进程。

（6）环境整治型

当前，优质安全的“生态食品”（主要指无公害食品、绿色食品、有机食品）已受到国内外消费者的广泛青睐，并逐渐成为人们食品消费的首选。然而，要生产出这些优质安全的生态食品，首先得有良好的生态环境条件。良好的生态环境条件来源于两个方面：一是加强生态建设，植树、种草、养花等，不断提高森林、植被覆盖率，改善、优化、美化生态环境；二是对已经遭到破坏或受到污染的生态环境，进行综合整治，恢复、重建良好的生态环境。近年来，由于工业化、城市化、城镇化速度加快，中国许多地方的生态遭到破坏，环境受到污染，对生产优质安全的生态产品非常不利。为了生产出优质、安全的农产品，满足人民的需求，各地十分重视生态建设和环境治理，大力推进环境整治型生态农业的发展。

（7）资源再生型

按照生态学的“熵增定律”，在农业生产过程中，农业生态系统中的“熵值”必然不断增加，包括系统排出的废气、废液、废渣以及各种副产品、废弃物、污染物等。无论种类或数量增加与否，如不及时处理，将势必影响系统的结构和功能，损害整个生态系统，并进而影响人类生存环境，危及人类健康。如按照生态学的“物质循环、能量流动”规律，及时对上述“废物”进行处理和再利用，发展资源再生型生态农业模式，将极大地改变这种状况。

（8）休闲观光型

现代农业已从单一提供农产品的传统农业，向着提供农产品和休闲观光旅游等多种功能服务的生态农业发展。这种休闲观光型生态农业是现代农业发展的新方向、新模式。

生态农业的模式

根据上述类型划分，归纳出生态农业主要模式：

1. 稻田动、植物共生模式

垄稻沟鱼模式是指垄沟相间，垄上种稻，沟中养鱼，田、沟面积比为4：6。可收稻谷9000kg/hm^2，成鱼1500kg/hm^2。稻田养鱼是我国传统农业技术的精华，在纪录片《舌尖上的中国》中大加推崇，同时，利用鱼、米等食料，烹饪出了中国的美味佳肴。

动、植物共生模式是运用了生态学上共生互惠原理。在自然生态系统中就有多种生物共生互惠的现象，这是长期自然选择的结果。在农业生态系统中通过人工诱导可以激发多生物种群间的多种共生互利关系，加强了物质内循环作用，降低了外部能量、物质的投入，不仅降低成本，还能提高生态效益。鱼食稻虫，鱼粪肥田，鱼疏通稻田空气与物质，稻为鱼提供了杂草与害虫的饵料及栖息场所。稻与其他小动物也一样具有某种特定的互惠关系，稻与鱼（小动物）双丰收，还培肥了土壤，消灭了害虫，大大减少化肥农药的投入，防止了污染源的流入。

2. 农林间作或混林农业模式

枣粮间作模式。在河北省共有49.8万hm^2，以沧县金丝小枣与小麦间作为例，小枣面积占耕地13.6%，而小枣收入却占农业总收入的64. 8%。尤其是在干旱年份小麦大幅度减产情况下，小枣起到一定补偿作用。小枣还有一定耐盐能力，起到改土作用。一般小枣产量7500kg/hm^2，小枣占地后，小麦单位面积产量虽略有减少，但产值提高60%以上。这种模式在河南省的新郑、内黄、浚县等地也有一定面积的种植。同时，还有长葛市和兰考县的农桐间作、河南全省比较普遍的杨上粮下间作模式等。

3. 多种多收的时间结构优化模式

该模式是对时间资源充分利用的多种模式，以河南省扶沟县的“六种六收”田为例，6种作物即粮食作物小麦和玉米，经济作物西瓜、菠菜（芫荽、蒜苗）、豆角、晚菜椒（或晚番茄）等瓜菜。一年四季将粮食、经济作物进行多层次间作套种，利用各作物之间的生长时间差及对养分的要求差进行合理配置，促进6种作物皆生长良好，互不影响，以达到提高土地生产率的目的。又如河北省以早熟小麦套种中晚熟玉米为主的良种配套体系，能实现全年高产、周期稳产，两茬耕地产量为13.5~15t/hm^2，节约用工30%，肥、水利用提高30%左右。

4. 多层高效的空间结构优化模式

大田作物按地形划带立体种植与同一田块内多作物多层立体种植的模式，已普遍在各地可见，这是对空间资源充分利用所致。该模式运用了生态学上山地垂直气候分带概念及农田多种群相居而安的原理，相居而安不一定互惠，而是不同生物要求的环境条件不同，各占自己特有的生态位。作物种群多层立体结构就是人工模拟群落学上相居而安的原理而配置的生物群落，其可以更充分地利用光照温度等资源，在单位面积上生产更多产品。应当指出，在实践中，上述时间结构与空间结构模式常常交叉一起运用，其生态经济效益也就更高。

5. 基塘结合大循环模式

基塘系统在我国古代10世纪时已开始建立，以桑基鱼塘为基础，后又建成蔗基鱼塘、稻基鱼塘、花基鱼塘等。桑基鱼塘是综合养鱼的特殊类型，主要分布于江浙一带，鱼池基面上种桑。桑叶养蚕，蚕粪肥池和供鱼饲食，蚕蛹是鱼的上乘动物蛋白饲料，塘泥是桑树的良好优质肥料，桑田内可种菜和其他植物性饲料，组成一个完整的良性循环系统。桑叶和菜是鱼的饲料，产青饲料45t/hm^2，可产鱼2100kg/hm^2；蚕蛹及吃剩的桑叶等又是间接饲料，如桑田产桑叶30 ~ 37.5t/hm^2，可产蚕粪18t/hm^2，作为鱼的饲料和肥料，可产鱼2250kg/hm^2，蚕蛹是优质鱼用动物蛋白，桑叶养蚕产的蚕蛹1950kg/hm^2，可产鱼1200kg/hm^2。桑基鱼塘鱼池和桑田面积为1：1时，桑基提供的饲肥料可净产鱼6000kg/hm^2。

与此类似的还有鱼—农、鱼—畜、禽等基塘形式，如鱼—农结合模式，即水下养鱼，水面养水生植物如水葫芦，岸边种植陆生植物，如蔬菜、陆生草类作为养鱼饲料。在池塘的四周池坡空地上作为饲料地，一般约占池塘面积的1/2。

6. 生物能多层次循环再生模式

各地农户正在实行的鸡—猪—沼—鱼模式使生物能得到了多层次利用，形成了低投入高效益的农业。在猪鸡比为1：10的条件下，利用发酵鸡粪和新鲜鸡粪喂猪比对照组的平均日增重增加121g和96g，分别提高20.2%和16.2%，利用鸡粪喂猪使猪的胴体瘦肉率提高2%~4%。鸡粪喂猪可以减少饲料消耗、降低饲料成本。这种生物能多层次利用，是运用了生态学上食物链原理及物质循环再生原理，在自然生态系统中生产者、消费者与还原者组成了平衡的关系。因此，系统稳定，周而复始循环不已。农业生态系统中由于其强烈的开放性，消费者大多成为第二生产者，还原者因条件不正常而受到抑制，常使三者组成的关系失调。因此，首先要在食物链关系上协调营养平衡关系。生态农业常以农牧结合为核心也就首先要求其间营养关系得到调整，不仅要求常规饲料与畜禽需求之间的供需平衡，而且要通过第二生产者的作用找寻再生饲料来源，上述鸡粪、沼气渣也就是再生饲料来源。

7. 庭院立体经营模式

农家庭院常有相当于房屋占地好几倍的宅基地，近年许多农民利用庭院搞“水陆空”立体经营。其特点是宅旁池塘（河沟）养鱼、繁殖蚌珠和圈养鸭、鹅，塘边（沟边）种植牵蔓性葡萄和瓜类，向水面延伸和空间发展，并在葡萄或瓜架下圈养蛋鸡、肉鸡等，充分利用每一寸土地、水面和空间。开发庭院经济能充分利用宅基地资源，其特点是面积小、生境条件不一，特别是光照上的差异，劳力投入方便，有机肥源充分等，易于形成劳力密集型与技术密集型相结合的农副业。随着大量的青壮年农民进城和新型农村社区建设，大量的农民被赶上楼，这种模式日益减少，而楼顶立体经营模式会越来越多。

8. 多样性、有序性增强抗灾力的模式

在自然生态系统中，生物的多样性、有序性常能维持系统稳定发展，从而表现出较强的抗灾力。农业生态系统是人工模拟自然生态系统所建立的半人工生态系统，人在该系统中既是参与者又是主宰者。由于人所塑造的农业生态系统中往往种群单一化，致使抗灾能力削弱，特别是损害了天敌食物链的关系而使病虫害猖獗。因此，只有强调农业生物种群的多样性、有序性，才能自然而然地控制病虫害的发生，同时也减缓因滥用化学农药所引起的环境污染，如地处太行山腹地的山西省盂县北部8个乡镇在山坡、丘陵、河滩上围坝筑堤，植树种粮，形成了核桃—花椒—小麦间作的立体农业。经此改造后的梯田较之单纯植树、种粮的经济效益成倍增长，生态环境处于良性循环之中。现在实行的在核桃树下种植小麦等低矮作物，或在核桃树冠外缘间种花椒树的种植方式，改变了以往核桃树下杂草丛生的荒芜生境，破坏了举肢蛾越冬茧的栖息环境。举肢蛾主要在树冠下近地面5cm的土层内越冬，实行耕翻土地等农业措施，无形中又为核桃的生长创造了良好的生态条件。由于在核桃树的生态系统中增加了1～2种植物，解决了以前必须施用杀虫剂才能解决的问题，使脆弱的生态系统渐趋平稳。在这种三元组合的立体结构中，好果率由过去的30%提高到83.7%，每株平均增产5~10kg核桃，此外还可收获花椒和小麦。各种天敌的数量较之单元种植提高了50%以上，三者立体间作，为丰富天敌种群创造了适宜的生态环境，改变了系统中昆虫种群的结构，基本控制了举肢蛾。而且立体间作较之单元种植减少了农药防治次数，减轻了农药污染带来的环境恶化，促使生态系统良性循环。

生态农业的技术体系

根据生态农业类型、模式对技术的要求，生态农业技术可归纳为：

1. 资源节约技术

资源节约是高效生态农业的基础。资源节约技术，主要包括：节地技术。如采用传统农业的间、混、套作技术；节水技术：采用滴灌、渗灌、管灌技术等；节肥技术：采用测土配方施肥技术、平衡施肥技术、专用肥技术等；节能技术。采用少耕、免耕技术等。

2. 水肥调控技术

土壤中的热、水、气、肥等肥力因素之间相互联系、相互影响。在农业生产，尤其是高效生态农业生产过程中，正确处理水肥间的关系，对促进作物生长、提高产量和效益具有重要作用。

3. 生物养地技术

持续维持、提高土壤肥力，对于保持作物高产量至关重要。农业生产必须实行用地与养地相结合，才能做到“地力常新、肥力常高”。提高地力、培养肥力有很多途径、方法和技术，而实行生物养地则是既经济又环保的高效养地技术。生物养地技术，作为高效生态农业中的重要技术之一，特别强调：种植绿肥作物养地，种植紫云英、肥田萝卜等；种植豆科作物固氮，如种植大豆、花生、绿豆、豇豆、蚕豆、豌豆等，通过生物固氮，可增加土壤氮素含量；通过作物轮作和合理的间混套作等，均可起到养地的作用。此外，还可以克服我国目前农业对化肥的依赖症。

4. 防灾减灾技术

一是发展避洪农业，减轻洪涝灾害危害；二是发展抗旱避旱农业，提高旱地农业生产力；三是改善农田水利基本条件，提高农业防洪抗旱能力；四是实行生物防治、生态减灾，防治农田作物病、虫、草、鼠害；五是增加农业投入，提高农业防灾、减灾和可持续发展能力。

5. 综合利用技术

中国农业资源丰富，但由于利用方式单一，资源利用率总体不高，存在浪费大、效益差的问题。如果能走资源综合利用的路子，则可大幅度提高资源利用率和农业生态经济效益。发展高效生态农业，就是要大力推广资源综合利用技术。就作物秸秆资源利用而言，如果实行综合利用，则可将作物秸秆资源作肥料、饲料、燃料、能源、工业原料，还可提炼药用成分等。以棉籽的综合利用为例，棉籽油可制备生物柴油，利用棉籽可制备高附加值产品如棉酚、棉子糖、维生素E、木糖醇等。

6. 水土保持技术

中国是世界上水土流失严重的国家之一。发展高效生态农业，必须重视和推广水土保持技术。目前，水土保持技术主要有：一是生物措施，在水土流失区多种草栽树，种植生物篱，以增加地面覆盖减少水土流失；二是耕作措施，如改顺坡耕作为等高耕作，还可实行作物带状间作，实行保护性耕作；三是工程措施，如实行坡面治理工程、沟道筑坝工程等。

7. 结构调整技术

结构决定功能，农业结构如何，直接决定农业的功能与效益。发展高效生态农业，必须高度重视农业结构调整，尤其是在中国已进入“十二五”开局之年，经济发展方式转变已成为“主线”的大背景下，农业结构调整已成为高效生态农业的重要内容和关键技术之一。具体来说，农业结构调整技术包括：一是调优，就是要将优质安全的农作物种类和品种调整过来，扩大面积、提高产量，满足人们需求；二是调绿，要大力发展绿色、环保、低碳的农业产业，生产出无公害产品、绿色产品、有机产品；三是调特，各地要因地制宜，大力发展特色农业、生产特色产品、形成特色品牌、产生“特有”效益；四是调高，加大农业科技成果推广力度，提高农业科技贡献率，提高农产品附加值，提高农业整体效益；五是调强，做强、做大农业企业，实行农业产业化，延伸农业产业链条，强化农业基础地位。

8. 能源开发技术

能源资源短缺，是新世纪世界各国面临的共同问题；保护环境，是全球面临的共同任务。开发利用清洁能源、发展可再生能源，则是世界人民的必然选择。发展高效生态农业，尤其是重视新能源、清洁能源、可再生能源的开发利用：一是开发利用太阳能，如建造太阳能温室（包括阳光塑料大棚、日光温室、太阳畜禽舍等）；二是利用生物质资源生产沼气；三是开发农村小水电；四是利用荒山、荒地资源和“边角”耕地资源，种植能源林木和能源作物，生产生物柴油、生物乙醇等，发展能源农业；五是开发利用风力资源等。

9. 流域治理技术

流域的治理和发展是高效生态农业的重要内容，发展高效生态农业的重要任务之一就是要将流域治理好、发展好，就必须大力推广流域治理技术。一是根治水患，实行退田还湖、加固干堤、移民建镇；二是恢复重建，对已经受到破坏或损害的生态系统，加大综合治理力度，尽快使其结构与功能得到恢复与重建；三是防治污染，重点防治农村农业生产生活过程中的面源污染，确保“源洁流清”；四是有序开发，坚决取缔污染型企业和破坏性开发；五是建立健全制度，加强流域管理。

10. 现代高新技术

以信息技术、生物技术、新材料技术、新能源技术、空间技术、海洋技术等为代表的现代高新技术，已经或正在广泛应用于现代农业，尤其是高效生态农业模式之中，极大地提高了资源利用率、劳动生产率、农业生产力和整个农业的经济社会生态综合效益，将从根本上改变农业发展方式。

北方“四位一体”生态农业模式分析

北方四位一体生态农业模式是以生态学、经济学、系统工程学为原理，以土地资源为基础，太阳能为动力，沼气为纽带，种植业和养殖业相结合，通过物质能量转换技术，在全封闭的状态下，将沼气池、猪禽舍、厕所和日光温室等组合在一起，形成的一个封闭状态下的能源生态系统。该模式在日光温室内把沼气技术、养殖技术、种植技术有机结合起来，发展高产、高效、优质农业的一种模式，简称四位一体。四位一体模式集多业结合、集约经营，通过种植、养殖、微生物的合理结合，加强了物质循环利用，形成无污染和无废料农业，构成了完整的生产循环体系。这种循环体系以其采用的先进生产技术，达到高度利用有限的土地、劳力、时间、饲料、资金，将过去的粗放型农业转化为集约化经营的农业。

1. 经济效益分析

（1）生产成本

据研究调查，2004—2007年朝阳县试验农户种植业每年农药、化肥、种子的投入平均1500元；养殖业包括仔猪投入3000元；饲料投入6000元；防疫投入100元；合计1106万元；维护费用每年200元。因此，年生产成本为1108万元，加上年建设成本4249元，年总投入115049万元。

（2）年收入

2004—2007年，试验农户四位一体模式温室大棚内一年四季温度都保持在10～30℃，由于温度适宜，每年最少种植两茬，以常见的黄瓜和番茄为例。大棚面积为350m^2，实际种植面积约320m^2。黄瓜单产10kg/m^2，总产量约为3200kg，按年均115元/kg的价格计算，可收入4800元。在温度适宜，水分、肥料充足的条件下，番茄单产20kg/m^2，番茄总产量为6400kg，因大棚番茄提前上市，平均价格在210元/kg。种植业总产值为1176元。

年出栏生猪15头，按每头700元，产值1.05万元。沼气池节煤、节肥，1个8m^3沼气池平均年产气300m^3，折合柴草1400kg，折合标准煤0.7t，合300元。沼液、沼渣经过厌氧发酵，可直接施用，年节约化肥资金300元。因此，种植系统和养殖系统年总收入2.87万元。

（3）纯利润

采用四位一体温室大棚的年纯利润为2.8700—1.5049=1.3651万元。由此可以看出，一栋350m^{2}的四位一体的温室大棚年纯利润在1.3651万元，大部分农户会在3～4年内收回投资，如果引进一些名、特、优、新品种或种植反季蔬菜、瓜果，效率会更高。

2. 生态效益

四位一体模式中产生的沼气解决了农户日常炊事用能，这在一定程度上减少了对煤或薪柴的使用。根据煤的品质不同，每立方米的沼气产生的热量相当于2～3.3kg的煤炭，煤的含硫量在0.8%左右，灰分20%左右，一个年产300m^{3}的沼气池，每年可减少二氧化硫的排放7～12kg，减少烟尘排放0.7～1kg，以一个200个沼气池的村庄计算，一年可以减少二氧化硫排放1.4～2.4t，烟尘140～200kg，减少二氧化碳排放82.3t。

1m^{3}沼气产生的热量相当于4.5—5kg薪柴的热量，年产300m^{3}的沼气池产生的沼气相当于1400kg。薪柴的热量，节约的薪柴相当于0.16hm^{2}薪炭林一年的生长量。从而减少了对森林、植被的破坏，减轻了由薪柴、煤等燃烧产物对环境的污染，减少水土流失。同时，由于人畜粪便随时入沼气池产沼气，从而使农户庭院无臭味、无污染，改变了过去农村粪便、蚊蝇满庭院的状况，切断了有害细菌的传播途径，提高了人民的身体健康。

3. 社会效益

通过推广利用四位一体的生态农业模式，有效安置了农村剩余劳动力，改变了过去农民冬季无活干的现象，提高了劳动生产率。改善了农村、农民的精神面貌，促进了农村社会文明进步。同时，增加了无公害蔬菜、肉食的供应，丰富了城乡居民菜篮子。在促进农民脱贫致富、农业生产结构调整和农业与农村经济的可持续发展等方面，都起到了重要的作用。

第五章

农产品质量安全

第一节　农产品质量安全的相关概念

农产品质量安全的概念

按照产品质量安全法的有关规定，农产品是指源于农业的初级产品，即在农业活动中获得的植物、动物、微生物及其产品。农产品质量安全，指农产品质量符合保障人的健康、安全的要求。广义的农产品质量安全还包括农产品满足贮运、加工、消费、出口等方面的要求。

农产品质量安全水平，指农产品符合规定的标准或要求的程度。当前提高农产品质量安全水平，就是要提高防范农产品中有毒有害物质对人体健康可能产生的危害的能力。一般来说，农产品质量安全水平是一个国家或地区经济社会发展水平的重要标志之一。

农产品质量安全的特点

由于农产品质量安全水平是指农产品符合规定的标准或要求的程度，这种程度可以是正的，也可以是负的。负的农产品质量水平，即农产品不安全，具有以下几个明显的特点：

危害的直接性：农产品的质量不安全主要是指其对人体健康造成危害而言。大多数农产品一般都直接消费或加工后被消费。受物理性、化学性和生物性污染的农产品均可能直接对人体健康和生命安全产生危害。

危害的隐蔽性：农产品质量安全的水平或程度仅凭感观往往难以辨别，需要通过仪器设备进行检验检测，有些甚至还需要进行人体或动物试验后才能确定。由于受科技发展水平等条件的制约，部分参数或指标的检测难度大、检测时间长。因此，质量安全状况难以及时准确判断，危害具有较强的隐蔽性。

危害的累积性：不安全农产品对人体危害的表现，往往经过较长时间的积累才能发现。如部分农药、兽药残留在人体积累到一定程度后，才可能导致疾病的发生和恶化。

危害产生的多环节性：农产品生产的产地环境、投入品、生产过程、加工、流通、消费等各环节均有可能对农产品产生污染,引发质量安全问题。

管理的复杂性：农产品生产周期长、产业链条复杂、区域跨度大；农产品质量安全管理涉及多学科、多领域、多环节、多部门，控制技术相对复杂；加之我国农业生产规模小，生产者经营素质不高，致使农产品质量安全管理难度大。

危害农产品质量安全的三类来源

物理性污染：指由物理性因素对农产品质量安全产生的危害。如因人工或机械等因素在农产品中混入杂质或农产品因辐照导致放射性污染等。

化学性污染：指在生产加工过程中使用化学合成物质而对农产品质量安全产生的危害。如使用农药、兽药、添加剂等造成的残留。

生物性污染：指自然界中各类生物性污染对农产品质量安全产生的危害。如致病性细菌、病毒以及某些毒素等。生物性污染具有较大的不确定性，控制难度大。

农产品质量安全事故的处理

1. 高度重视，积极应对

依据《中华人民共和国农产品质量安全法》及时处理、报告、通报各地的农产品上市情况及质量安全状况和事件，依据《国家重大食品安全事故应急预案》对农产品食品安全事件由全国统一领导、地方政府负责、部门指导协调、各方联合行动的方针积极处理，将损失降低到最少。

2. 明确职责，落实责任

明确地方政府、农业部和有关部门及农业系统内部3个方面的关系及工作程序和职责，做到各司其职，各尽所能。

3. 制定预案，依法应急

依法规范程序，做到一旦在农产品生产、销售等各个环节发现问题能及时落实责任单位、责任人，及时处理问题，不断完善手段，做到科学有效。

4. 及时反应，快速行动

当有农产品质量安全事故发生时，快速启动预案，积极迅速开展工作；启动应急预案，进行应急处置，严格控制事态发展，将危害降至最低。

5. 加强监测，群防群控

对于农产品质量安全事件及时分析、评估和预警，做到防患于未然；坚持群防群控，做到早发现、早报告、早控制。

6. 科学调查，准确评价

对于调查、处理、技术鉴定等，做到有理有据，科学准确；用标准说话，用数据说话，以事实为依据，以法律为准绳。

第二节　无公害农产品认证

无公害农产品概述

为解决我国农产品基本质量安全问题，经国务院批准，农业部于2001年启动“无公害食品行动计划”，并于2003年开展了全国统一标志的无公害农产品认证工作。近年来，无公害农产品保持了快速发展的态势，具备了一定的发展基础和总量规模，已成为许多大中城市农产品市场准入的重要条件。目前，无公害农产品认证已成为促进农户、企业和其他组织提高生产与管理水平、保障农产品质量安全、保护环境和人民身体健康、规范市场行为、指导消费、促进贸易的重要手段。

一、无公害农产品的定义及内涵

无公害农产品是指产地环境、生产过程、产品质量符合国家有关标准和规范的要求，经认证合格获得认证证书并允许使用无公害农产品标志的未经加工或初加工的食用农产品：也就是使用安全的投入品，按照规定的技术规范生产，产地环境、产品质量符合国家强制性标准并使用特有标志的安全农产品。

无公害农产品，也就是安全农产品，或者说是在安全方面合格的农产品，是农产品上市销售的基本条件。但由于无公害农产品的管理是一种质量认证性质的管理，而通常质量认证合格的表示方式是颁发“认证证书”和“认证标志”，并予以注册登记。因此，只有经农业部农产品质量安全中心认证合格，颁发认证证书，并在产品及产品包装上使用全国统一的无公害农产品标志的食用农产品，才是无公害农产品。

无公害农产品标志图案主要由麦穗、对勾和无公害农产品字样组成，标志整体为绿色，其中麦穗与对勾为金色。绿色象征环保和安全，金色寓意成熟和丰收，麦穗代表农产品，对勾表示合格。标志图案直观、简洁、易于识别，涵义通俗易懂。

关于无公害农产品和无公害食品的称谓问题，这是由于我国历史、体制等方面的原因，将食物分为农产品和食品，国际上统称食物（Food）。为了体现农产品质量安全从“农田到餐桌”全程控制和政府抓农产品消费安全的切入点，农业部在“无公害食品行动计划”和行业标准中使用的是无公害食品。行业标准是技术法规，需要全社会共同遵循，包括生产消费和流通领域，所以叫无公害食品；“无公害食品行动计划”是受国务院委托，由农业部牵头，各相关方面共同推进，所以叫“无公害食品行动计划”。为了便于各级农业部门根据职能分工抓住工作重点，农业部在各项规章、制度和办法中使用的是无公害农产品概念。

二、无公害农产品特征

（1）在市场定位上，无公害农产品是公共安全品牌，保障基本安全，满足大众消费。

（2）在产品结构上，无公害农产品主要是百姓日常生活离不开的“菜篮子”和“米袋子”等大宗未经加工及初加工的农产品。

（3）在技术制度上，无公害农产品推行“标准化市场、投入品监管、关键点控制、安全性保障”的技术制度。

（4）在认证方式上，无公害农产品认证采取产地认定与产品认证相结合的方式，产地认定主要解决产地环境和生产过程中的质量安全控制问题，是产品认证的前提和基础，产品认证主要解决产品安全和市场准入问题。

（5）在发展机制上，无公害农产品认证是为保障农产品生产和消费安全而实施的政府质量安全担保制度，属于公益性事业，实行政府推动的发展机制，认证不收费。

（6）在标志管理上，无公害农产品标志是由农业部和国家认证认可监督管理委员会联合公告的，依据《无公害农产品标志管理办法》实施全国统一标志管理。

无公害农产品认证

一、无公害农产品认证特点

无公害农产品认证工作是农产品质量安全管理的重要内容。开展无公害农产品认证工作是促进结构调整、推动农业产业化发展、实施农业品牌战略、提升农产品竞争力和扩大出口的重要手段。无公害农产品认证有以下几个特点：

1. 认证性质

无公害农产品认证执行的是无公害食品标准，认证的对象主要是百姓日常生活离不开的“菜篮子”和“米袋子”产品。也就是说，无公害农产品认证的目的是保障基本安全，满足大众消费，是政府推动的公益性认证。

2. 认证方式

无公害农产品认证采取产地认定与产品认证相结合的模式，运用了从“农田到餐桌”全过程管理的指导思想。打破了过去农产品质量安全管理分行业、分环节管理的理念，强调以生产过程控制为重点，以产品管理为主线，以市场准入为切入点，以保证最终产品消费安全为基本目标。产地认定主要解决生产环节的质量安全控制问题；产品认证主要解决产品安全和市场准入问题。无公害农产品认证的过程是一个自上而下的农产品质量安全监督管理行为；产地认定是对农业过程的检查监督行为：产品认证是对管理成效的确认，包括监督产地环境、投入品使用、生产过程的检查及产品的准入检测等方面。

3. 技术制度

无公害农产品认证推行“标准化生产、投入品监管、关键点控制、安全性保障”的技术制度。从产地环境、生产过程和产品质量三个重点环节控制危害因素含量，保障农产品的质量安全。

二、无公害农产品认证依据

为了确保认证的公平、公正、规范，无公害农产品认证是在一套既符合国家认证认可规则又满足相关法律法规、规章制度、技术标准规范要求的认证制度下进行运作的。

1. 法律法规

（1）国家相关法律法规《中华人民共和国农业法》《中华人民共和国认证认可条例》《中华人民共和国农产品质量安全法》和《国务院关于加强食品等产品安全监督管理的特别规定》，是制定无公害农产品认证工作制度所遵循的法律依据。

（2）《无公害农产品管理办法》由农业部和国家质量监督检验检疫总局联合发布，提出了无公害农产品管理工作，由政府推动，并实行产地认定和产品认证的工作模式，明确省级农业行政主管部门负责组织实施本辖区内无公害农产品产地认定工作，标志着无公害农产品管理工作正式纳入依法行政的轨道。

2. 制度文件

（1）《无公害农产品产地认定程序》和《无公害农产品认证程序》由农业部和国家认证认可监督管理委员会联合颁发，规范了认定和认证的行为，并首次明确了农业部农产品质量安全中心承担无公害农产品认证工作。

（2）《无公害农产品产地认定与产品认证一体化推进实施意见》从根本上解决了无公害农产品产地认定与产品认证脱节问题，提高了产地认定和产品认证工作效率，加快了产地认定与产品认证步伐。意见从总体思路、推进重点和实施要求3个方面做了阐述，并附有《无公害农产品产地认定与产品认证一体化工作流程规范》和《无公害农产品产地认定与产品认证一体化推进前后申请材料及审查流程对比分析》。

（3）《无公害农产品产地认定与产品认证一体化推进和复查换证提交材料的补充规定》为促进无公害农产品产地认定与产品认证一体化推进和复查换证工作的有序开展，确保无公害农产品认证工作的规范性。经研究，决定对认证过程中的相关问题作如下补充规定：

①关于一体化推进提交材料补充规定：关于产地认定整体推进衔接规定。在开展了产地认定整体推进的地区按一体化推进试点要求申报无公害农产品认证，申请人在通过整体环评后，提交产品认证申报材料时，可用《无公害农产品产地认定证书》代替《产地环境检验报告》和《产地环境现状评价报告》。省级工作机构审查此类申报材料时，要在《无公害农产品产地认定与产品认证报告》的初审意见栏中明确该产地已通过整体环评和在产地认

定整体推进的范围。

②关于现场检查补充规定：为确保一体化推进工作中现场检查的有效性，在实施一体化推进试点的地区，各级工作机构在现场检查过程中要按照《无公害农产品认证现场检查规范》进行现场检查，突出对申报产品生产过程记录的核查，并在《无公害农产品认证现场检查报告》总体评价栏中就生产过程记录是否符合规定要求作为一项重要内容加以说明。

③关于复查换证提交材料补充规定：根据《无公害农产品认证复查换证有关问题的处理意见》第三条第二款规定，在无公害农产品证书有效期期间，产品未出现过质量安全事故和不合格现象，经现场检查确认产品质量稳定，产地环境、生产过程控制符合规范要求，现场检查合格的，无公害农产品复查换证申请者可不提交《产品检验报告》。为确保此项规定有效执行，各省工作机构依据此规定开展复查换证时，须根据现场检查情况出具合格的《现场检查报告》，并在《无公害农产品认证报告》审查栏中说明。

（4）《关于开展无公害农产品便携式复查换证工作的通知》为推进无公害农产品事业又好又快发展，根据无公害农产品到期复查换证工作出现的新情况和新要求，农业部农产品质量安全中心决定对在无公害农产品证书有效期内产品质量稳定、从未出现过质量安全事故的无公害农产品，在证书有效期满申请复查时推行便捷式换证手续。现就实施便捷式复查换证有关事项通知如下：

①适用范围：便捷式复查换证程序只适用于证书有效期内产品质量稳定、从未出现过质量安全事故的获证无公害农产品。除此之外的其他类型产品的复查换证仍按照原有程序办理。

②调整内容：

一是简化申报材料：将目前正常程序无公害农产品复查换证需要提交的5份材料简化为2份材料。复查换证申请人只需对省级工作机构印发的《无公害农产品复查换证信息登录表》（简称《信息登录表》）中的产品信息进行核对确认后，便可向县级无公害农产品工作机构提交《信息登录表》和《无公害农产品产地认定与产品认证复查换证申请和审查报告》（简称《申请和审查报告》），即完成复查换证的申请。

二是减少审查环节：将目前无公害农产品复查换证实质性审查工作由原来的“县级—地市级—省级—部直分中心—部中心”5个环节简化为“县级—

地市级—省级”3个环节。省级工作机构依托地、县两级无公害农产品工作机构完成复查换证的审查工作，必要时可组织实施现场检查。对于通过审查的产品，按照规定要求报请省级农业行政主管部门颁发《无公害农产品产地认定证书》，同时将产品《信息登录表（汇总表）》（纸质版、电子版）和《申请和审查报告》按规定报部中心审批、颁证和产地备案。

③工作要求：

一是认真做好产品审核工作：各省级工作机构要充分依托各级各类农产品质量安全监督抽检和例行监测结果，科学分析和划定适用于便捷式复查换证工作模式的获证产品名录，同时要充分依托地、县两级工作机构做好到期复查换证产品的组织申报工作，严把材料审查关，强化现场检查工作。原则上现场检查比例不应低于年度到期换证产品总数5%。部中心也将根据各地的复查换证情况，抽取一定比例实施现场核查，强化复查换证工作质量控制和业务指导。

二是强化复查换证工作管理：第一，实施退出公告制度。对证书有效期届满超过3个月未申请复查换证且未转换为绿色食品或有机农产品的获证无公害农产品，由省级工作机构统计确认后，以文件形式报部中心审定，统一在中国农产品质量安全网上发布退出公告。第二，建立自上而下、整体推动工作机制。鉴于复查换证工作量大、换证时间集中的特点，便捷式复查换证工作要坚持自上而下、整体推动的工作机制，要通过强有力的工作措施，将复查换证工作组织好，实施好，完成好，确保复查换证总体比例不低于80%的工作目标。

三是加强组织领导，做好宣传培训工作：推进无公害农产品便捷式复查换证工作是新形势下无公害农产品工作机制的一种创新，各级无公害农产品工作机构要进一步增强责任意识，切实加强组织领导，周密部署，强化检查员队伍培训，要重点加强地县两级检查员队伍的业务培训和审查能力提升。同时，各地要加大宣传力度，扩大社会影响，提高申请人复查换证积极性和自觉性。

无公害农产品便捷式复查换证工作从2008年6月1日起开始实施。

（5）《关于进一步规范无公害农产品认证工作时限的通知》规范了无公害农产品工作时限，特别对各级工作机构在无公害农产品认证审核时限上作了相应的划定和规范：实行受理（接收）、报出告知制度，建立了一次性明确补充材料和整改时限要求。

（6）《实施无公害农产品认证的产品目录》《无公害农产品认证程序》中第三条和第四条规定，农业部和国家认证认可监督管理委员会依据相关的国家标准或行业标准发布《实施无公害农产品认证的产品目录》，申请无公害农产品认证的产品应在认证产品目录范围内。认证产品目录中共有产品815个，其中，种植业产品546个，畜牧业产品65个，渔业产品204个。

3. 标准体系

无公害食品标准是无公害农产品认证的技术依据和基础，是判定无公害农产品的尺度。为了使全国无公害农产品生产和加工按照全国统一的技术标准进行，消除不同标准差异，树立标准一致的无公害农产品形象，农业部组织制定了一系列产品标准以及包括产地环境条件、投入品使用、生产管理技术规范、认证管理技术规范等通则类的无公害食品标准，标准系列号为NY5000。

无公害食品标准体现了“从农田到餐桌”全程质量控制的思想。标准包括产品标准、投人品使用准则、产地环境条件、生产管理技术规范和认证管理技术规范五个方面，贯穿了“从农田到餐桌”全过程所有关键控制环节，促进了无公害农产品生产、检测、认证及监管的科学性和规范化。

三、无公害农产品认证组织机构

1. 组织机构

无公害农产品管理工作，由政府推动，并实行产地认定与产品认证相结合的工作模式。省级农业行政主管部门负责组织实施产地认定工作：农业部农产品质量安全中心负责产品认证工作。

2. 工作职责

（1）农业部农产品质量安全中心包括3个分中心，重点抓好无公害农产品认证工作规划计划、组织协调、审批发证、标志管理、监督检查。

（2）省级工作机构包括市县工作机构，省级工作机构的工作重点是抓好产地认定、产品检测、认证初审、标志推广、监督抽查：市县两级工作机构的工作重点是抓好宣传动员、组织申报、技术指导、技术培训，具体承担实施现场检查与证后的日常监督管理。

（3）产品认证评审委员会，评审委员会在农业部农产品质量安全中心的组织和领导下，承担无公害农产品的技术评审工作，保证无公害农产品评审工作的科学、公正、规范。评审委员会成员由农业部有关方面的领导、相关专业的技术专家及质量管理专家等组成。其主要职责是：负责制（修）订无公害农产品认证评审工作原则；审议中心提交的认证报告，做出认证结论；对认证工作提出意见和建议。

（4）产地认定委员会产地认定委员会在省级农业行政主管部门的组织和领导下，承担无公害农产品产地认定的终审工作，保证无公害农产品产地认定工作的科学、公正、规范。其主要职责是：负责制（修）订无公害农产品产地认定实施细则；负责产地认定材料的全面终审。做出认定结论；对产地认定工作提供智力支持和技术支撑。

（5）产地环境检测机构其主要职责是：承担无公害农产品产地认定中的产地环境检测与评价任务；及时准确出具产地环境检测报告和产地环境现状评价报告。

（6）无公害农产品检测机构其主要职责是：承担申报产品的抽样和检验任务；承担无公害农产品年度抽检任务；依照法律、法规、无公害农产品标准及有关规定，客观、公正地出具检验报告。

四、无公害农产品认证程序

1. 无公害农产品产地认定与产品认证

农业部于2003年4月推出了无公害农产品国家认证。根据《无公害农产品管理办法》的有关规定，无公害农产品管理工作由政府推动，并实行产地认定和产品认证的工作模式。国家鼓励生产单位和个人申请无公害农产品产地认定和产品认证。实施无公害农产品认证的产品范围由农业部、国家认证认可监督管理委员会共同确定、调整。

从事无公害农产品产地认定的部门和产品认证的机构不得收取费用。检测机构的检测、无公害农产品标志按国家规定收取费用。

在2006年7月份之前，无公害农产品产地认定与产品认证是分开进行的，即产地认定工作由本辖区内的省级农业行政主管部门负责组织实施，认定结果报农业部农产品质量安全中心备案、编号；产品认证工作由农业部农产品质量安全中心统一组织实施，认证结果报农业部、国家认监委公告。根据《无公害农产品管理办法》、《无公害农产品产地认定程序》和《无公害农产品认证程序》规定，结合无公害农产品事业发展需要，在充分调研和广泛征求意见的基础上，农业部农产品质量安全中心于2006年7月组织制定了《无公害农产品产地认定与产品认证一体化推进实施意见》，从2006年8月1日起正式实施无公害农产品产地认定与产品认证一体化推进工作。

2. 无公害农产品产地认定与产品认证工作流程

本工作流程适用于经农业部农产品质量安全中心批复认可的省、自治区、直辖市及计划单列市无公害农产品产地认定与产品认证一体化推进工作：

（1）从事农产品生产的单位和个人可以直接向所在县级农产品质量安全工作机构（简称“工作机构”）提出无公害农产品产地认定和产品认证一体化申请，并提交以下材料：

①《无公害农产品产地认定与产品认证（复查换证）申请书》（相关表格可登录http: //www. aqsc. gov. cn进行下载）。

②国家法律法规规定申请者必须具备的资质证明文件（复印件）。

③无公害农产品生产质量控制措施。

④无公害农产品生产操作规程。

⑤符合规定要求的《产地环境检验报告》和《产地环境现状评价报告》或者符合无公害农产品产地要求的《产地环境调查报告》。

⑥符合规定要求的《产品检验报告》。

⑦规定提交的其他相应材料。申请产品扩项认证的，提交材料①、④、⑥和有效的《无公害农产品产地认定证书》。申请复查换证的，提交材料①、⑥、⑦和原《无公害农产品产地认定证书》和《无公害农产品认证证书》复印件，其中材料⑥的要求按照《无公害农产品认证复查换证有关问题的处理意见》执行。

（2）同一产地、同一生长周期、适用同一无公害食品标准生产的多种产品在申请认证时检测产品抽样数量原则上采取按照申请产品数量开二次平方根（四舍五入取整）的方法确定，并按规定标准进行检测。

申请之日前两年内部、省监督抽检质量安全不合格的产品应包含在检测产品抽样数量之内。

（3）县级工作机构自收到申请之日起10个工作日内，负责完成对申请人申请材料的形式审查。符合要求的，在《无公害农产品产地认定与产品认证报告》（以下简称《认证报告》）签署推荐意见，连同申请材料报送地级工作机构审查。不符合要求的，书面通知申请人整改、补充材料。

（4）地级工作机构自收到申请材料、县级工作机构推荐意见之日起15个工作日内，对全套申请材料进行符合性审查。符合要求的，在《认证报告》上签署审查意见（北京、上海、天津、重庆等直辖市和计划单列市的地级工作合并到县级一并完成），报送省级工作机构。不符合要求的，书面告之县级工作机构通知申请人整改、补充材料。

（5）省级工作机构自收到申请材料及县、地两级工作机构推荐、审查意见之日起20个工作日内，应当组织或者委托地县两级有资质的检查员按照《无公害农产品认证现场检查工作程序》进行现场检查，完成对整个认证申请的初审，并在《认证报告》上提出初审意见。

通过初审的，报请省级农业行政主管部门颁发《无公害农产品产地认定证书》，同时将申请材料、《认证报告》和《无公害农产品产地认定与产品认证现场检查报告》及时报送部直各业务对口分中心复审。

未通过初审的，书面告知地县级工作机构通知申请人整改、补充材料。

（6）本工作流程规范未对无公害农产品产地认定和产品认证作调整的内容，仍按照原有无公害农产品产地认定与产品认证相应规定执行。

（7）农业部农产品质量安全中心审核颁发《无公害农产品证书》前，申请人应当获得《无公害农产品产地认定证书》或者省级工作机构出具的产地认定证明。

第三节　绿色食品认证

绿色食品概念与特征

1. 绿色食品概念

过去提到绿色，象征的是希望，而以绿色代表无污染则是在1989年绿色食品概念提出之后，才被广泛应用于各行各业，出现了绿色建材、绿色照明等一系列冠以绿色的名词，绿色食品事业的一个重要贡献就是创造了一个引领消费的新概念。

绿色食品是指产自优良环境，按照规定的技术规范生产，实行全程质量控制，无污染、安全、优质并使用专用标志的食用农产品及加工品。开发绿色食品是人类注重保护生态环境的产物，是社会进步和经济发展的产物，也是人们生活水平提高和消费观念改变的产物。

绿色食品标志由3部分构成，即上方的太阳、下方的叶片和中心的蓓蕾，分别代表了生态环境、植物生长和生命的希望。标志为正圆形，意为保护、安全。1992年，国家工商行政管理局、农业部联合发布关于依法使用、保护“绿色食品”商标标志的通知，规定农业部统一负责“绿色食品”标志的颁发和使用管理。

1996年，绿色食品标志作为我国第一例质量证明商标，在国家工商行政管理局注册成功。2008年6月24日，中国绿色食品发展中心的绿色食品证明商标国际注册通过了美国的核准保护，并颁发了注册证，国际注册号为903964，美国注册号为3453928。注册有效期为2006年2月24日至2016年2月24日，注册类别为第5类（婴儿食品）、第29类（肉、蛋、奶及乳制品、家禽、干制水果蔬菜、水产品等）、第30类（面粉及制品、米、五谷杂粮、茶、咖啡、可可、糖、蜂蜜等）、第31类（谷物及农产品）、第32类（啤酒、不含酒精饮料）和第33类（含酒精饮料）共6大类。至此，绿色食品商标已在日本、中国香港地区和美国成功注册，并得到了有效的法律保护。其他主要贸易国的注册工作正在进行中。

经国家工商行政管理局核准注册的绿色食品质量证明商标共四种形式，分别为绿色食品标志商标、绿色食品中文文字商标、绿色食品英文文字商标及绿色食品标志、文字组合商标，这一质量证明商标受《中华人民共和国商标法》及相关法律法规保护。标志图形核定使用商品类别为第1、2、3、5、29、30、31、32、33共九大类，中文文字商标、英文文字商标及标志图形组合商标仅注册了后8类，不包括第一类肥料商品。商标注册证号从第892107至第892139号，共33件。商标注册人为中国绿色食品发展中心。

绿色食品商标作为质量证明商标具有以下特点：

（1）绿色食品商标专用权：只有中国绿色食品发展中心许可，企业才能在自己的产品上使用绿色食品商标标志。

（2）绿色食品商标的限定性：只有绿色食品商标注册的四种商标形式受法律保护；只能在注册的九大类商品上使用。

（3）绿色食品商标的地域性：在中华人民共和国、日本、中国香港、美国等已注册的国家和地区受到保护。

（4）绿色食品商标的时效性：1996年11月7日至2016年10月21日。有效期满须申请续展注册。

（5）绿色食品商标的注册人“中国绿色食品发展中心”只有商标的许可权和转让权，没有商标使用权。

2. 绿色食品特征

绿色食品与普通食品相比有3个显著的特征：

（1）强调产品出自最佳生态环境：绿色食品生产从原料产地的生态环境入手，通过对原料产地及其周围的生态环境因于严格监测，判定其是否具备生产绿色食品的基础条件，而不是简单地禁止生产过程中化学合成物质的使用。这样既可以保证绿色食品生产原料和初级产品的质量，又有利于强化企业和农民的资源和环境保护意识，将农业和食品工业发展建立在资源和环境可持续利用的基础上。

（2）对产品实行全程质量控制：绿色食品生产实施“从土地到餐桌”全程质量控制，而不是简单地依靠最终产品有害成分含量和卫生指标的测定，从而在农业和食品生产领域树立了全新的质量观。通过产前环节的环境监测和原料检测，产中环节具体生产、加工操作规程的落实，以及产后环节产品质量、卫生指标、包装、保鲜、运输、储藏、销售控制，确保绿色食品的整体产品质量，并提高整个生产过程的技术含量。

（3）对产品依法实行标志管理：绿色食品标志是一个质量证明商标，属知识产权范畴，受《中华人民共和国商标法》保护。政府授权专门机构管理绿色食品标志，这是一种将技术手段和法律手段有机结合起来的生产组织和管理行为，而不是一种自发的民间自我保护行为。对绿色食品产品实行统一、规范的标志管理，不仅使生产行为纳入了技术和法律监控的轨道，而且使生产者明确了自身和对他人的权益责任，同时也有利于企业争创名牌，树立名牌商标保护意识，提高企业和产品社会知名度和影响力。

由此可见，绿色食品概念不仅表述了绿色食品产品的基本特性，而且蕴含了绿色食品特定的生产方式、独特的管理模式和全新的消费观念，同时也表明，开发绿色食品是一项利国利民、造福子孙的事业。

绿色食品标准

绿色食品产品标准包括质量标准和卫生标准两部分，均参照有关国际、国家、部门、行业标准制定，通常高于或等同现行标准，有些还增加了检测项目。

1. 绿色食品的卫生标准

绿色食品也是食品，它首先必须符合食品基本的卫生标准。绿色食品卫生标准一般分为3部分：农药残留、有害重金属和细菌等。

农药残留：通过检测杀螟硫磷、倍硫磷、敌敌畏、乐果、马拉硫磷、对硫磷、六六六、DDT、二氧化硫等物质的含量来衡量。

有害重金属：我国的农药残留问题仍然比较严重，绿色食品化学农药的使用必须符合《生产绿色食品的农药使用准则》，对环境及人体健康造成危害的主要是含有汞、砷、铜、铅等重金属农药、有机磷农药和有机氯农药。

细菌：致病性细菌污染食物后，可以在食物里大量繁殖或产生毒素，人们吃了这种含有大量致病菌或毒素的食物会引起食物中毒现象。能引起食物中毒的细菌主要有沙门氏菌、副溶血性弧菌（嗜盐菌）、葡萄球菌、变形杆菌、肉毒杆菌等。一些致病性大肠杆菌、蜡样杆菌、韦氏杆菌、志贺菌等也可引起细菌性食物中毒。另外，自然界中有100多种对人的身体健康有害的真菌（包括霉菌），可导致食物中毒。例如，黄曲霉毒素污染是全球性的问题，黄曲霉毒素是目前发现最强的致癌物质，主要污染粮食、油料及其制品。黄曲霉毒素属于剧毒，毒性比氰化钾大10倍，为砒霜的68倍。大剂量黄曲霉毒素可引起人和动物的急性中毒。其病变主要发生在肝脏，呈现肝细胞变性、坏死和出血。研究发现，凡是食物中黄曲霉毒素污染严重和实际摄入量较高的国家和地区，人的肝癌发病率亦较高。

2. 绿色食品产品的包装和贮运标准

取得绿色食品标志使用资格的单位，应将绿色食品标志用于产品的内外包装。绿色食品的包装应符合《绿色食品标志设计标准手册》的要求。产品包装材料从原料、产品制造、使用、回收和废弃的整个过程都应符合环境保护的要求。尽量减少能耗，避免废弃物的产生，选择可降解、易回收利用的原料等，防止最终产品遭受污染、防止过度包装和资源浪费，同时还要有利于消费者的使用和识别。绿色食品产品标签，除符合国家的《食品标签通用标准》要求外，还要符合《中国绿色食品商标标志设计使用规范手册》的要求。该手册对绿色食品标志的标准图形、标准字体、图形与字体的规范组合、标准色、广告用语及用于食品系列化包装的标准图形、编号规范均做了严格规定，同时列举了应用示例。绿色食品包装的规范见包装通用准则（NY/T658—2002）。

绿色食品储藏运输准则（NY/T1056—2006）对绿色食品储藏、运输的条件、方法、时间做出了规定，以保证绿色食品在储运过程中不遭受污染、不改变品质，并有利于环保和节能。

3. 其他相关标准

除了以上绿色食品质量控制的技术标准外，绿色食品还有一些促进质量控制管理工作的辅助性标准，包括绿色食品产品抽样准则（NY/T896—2004）和绿色产品检验规则（NY/T1055—2006）等。

绿色食品认证程序

绿色食品标志申报工作是绿色食品标志管理工作的第一步，也是至关重要的一步。为了规范绿色食品的认证工作，中国绿色食品发展中心（以下简称“中心”）依据《绿色食品标志管理办法》，制定了绿色食品的认证程序。凡具有绿色食品生产条件的国内生产企业如需在其生产的产品上使用绿色食品标志，必须按以下的程序提出申请。境外企业申请使用绿色食品标志有特殊的规定。

1. 认证申请

（1）申请人向中心及其所在省（自治区、直辖市）绿色食品办公室、绿色食品发展中心（以下简称省绿办）领取《绿色食品标志使用申请书》、《企业及生产情况调查表》及有关资料，或从中国绿色食品发展中心网站（网址：www. greenfood. org. cn）下载。

（2）申请人填写并向所在省绿办递交《绿色食品标志使用申请书》、《企业及生产情况调查表》及以下材料：①保证执行绿色食品标准和规范的声明；②生产操作规程（种植规程、养殖规程、加工规程）；③公司对“基地+农户”的质量控制体系（包括合同、基地图、基地和农户清单、管理制度）；④产品执行标准；⑤产品注册商标文本（复印件）；⑥企业营业执照（复印件）；⑦企业质量管理手册；⑧要求提供的其他材料（通过体系认证的，附证书复印件）。

2. 受理及文审

（1）省绿办收到上述申请材料后，进行登记、编号，5个工作日内完成对申请认证材料的审查工作，并向申请人发出《文审意见通知单》，同时抄送中心认证处。

（2）申请认证材料不齐全的，要求申请人收到《文审意见通知单》后10个工作日提交补充材料。

（3）申请认证材料不合格的，通知申请人本生长周期不再受理其申请。

（4）申请认证材料合格的，执行（三）。

3. 现场检查、产品抽样

（1）省绿办应在《文审意见通知单》中明确现场检查计划，并在计划得到申请人确认后委派2名或2名以上检查员进行现场检查。

（2）检查员根据《绿色食品检查员工作手册》（试行）和《绿色食品产地环境质量现状调查技术规范》（试行）中规定的有关项目进行逐项检查。每位检查员单独填写现场检查表和检查意见。现场检查和环境质量现状调查工作在5个工作日内完成，完成后5个工作日内向省绿办递交现场检查评估报告和环境质量现状调查报告及有关调查资料。

（3）现场检查合格，可以安排产品抽样。凡申请人提供了近一年内绿色食品定点产品监测机构出具的产品质量检测报告，并经检查员确认，符合绿色食品产品检测项目和质量要求的，免产品抽样检测。

（4）现场检查合格，需要抽样检测的产品安排产品抽样。

①当时可以抽到适抽产品的，检查员依据《绿色食品产品抽样技术规范》进行产品抽样，并填写《绿色食品产品抽样单》，同时将抽样单抄送中心认证处。特殊产品（如动物性产品等）另行规定。

②当时无适抽产品的，检查员与申请人当场确定抽样计划，同时将抽样计划抄送中心认证处。

③申请人将样品、产品执行标准、《绿色食品产品抽样单》和检测费寄送绿色食品定点产品监测机构。

（5）现场检查不合格，不安排产品抽样。

4. 环境监测

（1）绿色食品产地环境质量现状调查由检查员在现场检查时同步完成。

（2）经调查确认，产地环境质量符合《绿色食品产地环境质量现状调查技术规范》规定的免测条件，免做环境监测。

（3）根据《绿色食品产地环境质量现状调查技术规范》的有关规定，经调查确认，必要进行环境监测的。省绿办自收到调查报告2个工作日内以书面形式通知绿色食品定点环境监测机构进行环境监测，同时将通知单抄送中心认证处。

（4）定点环境监测机构收到通知单后，40个工作日内出具环境监测报告，连同填写的《绿色食品环境监测情况表》，直接报送中心认证处，同时抄送省绿办。

5. 产品检测

绿色食品定点产品监测机构自收到样品、产品执行标准、《绿色食品产品抽样单》、检测费后，20个工作日内完成检测工作，出具产品检测报告，连同填写的《绿色食品产品检测情况表》，报送中心认证处，同时抄送省绿办。

6. 认证审核

（1）省级绿色食品办公室收到检查员现场检查评估报告和环境质量现状调查报告后，3个工作日内签署审查意见，并将认证申请材料、检查员现场检查评估报告、环境质量现状调查报告及《省绿办绿色食品认证情况表》等材料报送中心认证处。

（2）中心认证处收到省绿办报送材料、环境监测报告、产品检测报告及申请人直接寄送的《申请绿色食品认证基本情况调查表》后，进行登记、编号，在确认收到最后一份材料后2个工作日内下发受理通知书，书面通知申请人，并抄送省绿办。

（3）中心认证处组织审查人员及有关专家对上述材料进行审核，20个工作日内做出审核结论。

（4）审核结论为“有疑问，需现场检查”的，中心认证处在2个工作日内完成现场检查计划，书面通知申请人，并抄送省绿办。得到申请人确认后，5个工作日内派检查员再次进行现场检查。

（5）审核结论为“材料不完整或需要补充说明”的，中心认证处向申请人发送《绿色食品认证审核通知单》，同时抄送省绿办。申请人需在20个工作日内将补充材料报送中心认证处，并抄送省绿办。

（6）审核结论为“合格”或“不合格”的，中心认证处将认证材料、认证审核意见报送绿色食品评审委员会。

7. 认证评审

（1）绿色食品评审委员会自收到认证材料、认证处审核意见后10个工作日内进行全面评审，并做出认证终审结论。

（2）认证终审结论分为两种情况：①认证合格；②认证不合格。

（3）结论为“认证合格”，执行第（八）。

（4）结论为“认证不合格”，评审委员会秘书处在做出终审结论，2个工作日内，将《认证结论通知单》发送申请人，并抄送省绿办。本生产周期不再受理其申请。

8. 颁证

（1）中心在5个工作日内将办证的有关文件寄送“认证合格”申请人，并抄送省绿办。申请人在60个工作日内与中心签订《绿色食品标志商标使用许可合同》。

（2）中心主任签发证书。

第四节 有机食品认证

有机农业与有机食品概念

一、有机农业的概念

有机农业是指在农业生产中按照生态学原理和自然规律，遵循土壤、植物、动物、微生物、人类、生态系统和环境之间动态相互作用的原则，协调种植业和养殖业的平衡，采用一系列可持续发展的农业技术，维持持续稳定的农业生产过程的一种农业生产方式。

在有机农业生产中，禁止使用化学合成的农药、化肥、生长调节剂、饲料添加剂等物质，也禁止采用基因获得的生物及其产物以及离子辐射技术，提倡建立包括豆科植物在内的作物轮作体系，利用秸秆还田、种植绿肥和利用动物粪便等措施培肥土壤，保持养分循环；要求选用抗性作物品种，采取物理的和生物的措施防治病虫草害，鼓励采用合理的耕作措施，保护生态环境，防止水土流失，保持生态体系及周围环境的生物多样性和基因多样性等。

有机农业在哲学上强调“与自然秩序相和谐”“天人合一，物土不二”，强调适应自然而不干预自然；在手段上主要依靠自然的土壤和自然的生物循环：在目标上追求生态的协调性，资源利用的有效性，营养供应的充分性。因此，有机农业是产生于一定社会、历史和文化背景下，吸收了传统农业精华，运用生物学、生态学和农业科学原理和技术发展起来的农业可持续发展类型。有机农业的核心是建立和恢复农业生态系统的生物多样性和良性循环，以促进农业的可持续发展。

二、有机食品的概念

2005年颁布的国家标准《有机产品》（GB／T19630—2005）将有机食品纳入到有机产品中，而农业部推行的“三位一体、整体推进”的工作格局中为“有机农产品”,国外普遍称谓为“有机食品”。鉴于我国目前有机认证以农产品和初加工农产品为主，为了表述方便，除特别说明外，将有机产品、有机农产品统称为“有机食品”。

“有机食品”是指以获得有机认证的农产品或野生产品为原料，按照有机食品生成、加工标准生产加工出来，并经有资质的有机认证机构认证的食品。

有机食品包括谷物、蔬菜、水果、饮料、奶类、畜禽产品、调料、油类、食用菌、蜂蜜、水产品等。

有机食品的最大特点是在原料生产与产品加工过程中不使用任何人工合成的农药、化肥、除草剂、生长激素、防腐剂和合成添加剂等化学物质。

有机食品通常需要具备以下四个条件：

（1）原料必须来自于已建立的有机农业生产体系，或是采用有机方式采集的野生天然产品。

（2）在整个产品生产过程中严格遵循有机食品的加工、包装、储藏、运输标准。

（3）生产者在有机食品生产和流通过程中，有完善的质量控制和跟踪审查体系，有完整的生产和销售记录档案。

（4）必须通过有资质的有机认证机构的认证。

当然除了有机食品外，还有有机化妆品、有机林产品、有机农业生产投入物质（生物农药、有机肥等）、有机纺织品、有机皮革产品等非食品类的有机产品。在国外甚至已经有了获得有机认证的餐厅和旅馆。

三、有机产品标志及涵义

“中国有机产品标志”“中国有机转换产品标志”的主要图案由3部分组成，即外围的圆形、中间的种子图形及其周围的环形线条。标志外围的圆形形似地球，象征和谐、安全，圆形中的“中国有机产品”和“中国有机转换产品”字样为中英文结合方式，既表示中国有机产品与世界同行，也有利于国内外消费者识别。

标志中间类似种子的图形代表生命萌发之际的勃勃生机，象征了有机产品是从种子开始的全过程认证，同时昭示出有机产品就如同刚刚萌生的种子，正在中国大地上茁壮成长。

种子图形周围圆润自如的线条象征环形的道路，与种子图形合并构成汉字“中”，体现出有机产品植根中国，有机之路越走越宽广。同时，处于平面的环形又是英文字母“C”的变体，种子形状也是“O”的变形，意为

"China Organ"。

绿色代表环保、健康，表示有机产品给人类的生态环境带来完美与协调。橘红色代表旺盛的生命力，表示有机产品对可持续发展的作用。"中国有机转换产品认证标志"中的褐黄色代表肥沃的土地，表示有机产品在肥沃的土壤上不断发展。

有机食品认证程序

有机食品认证属于产品认证的范畴，虽然各认证机构的认证程序有一定差异，但根据《中华人民共和国认证认可条例》、国家质量监督检验检疫总局《有机产品认证管理办法》、国家认证认可监督管理委员会《有机产品认证实施规则》和中国认证机构国家认可委员会《产品认证机构通用要求：有机产品认证的应用指南》的要求以及国际通行做法，有机食品认证的模式通常为"过程检查+必要的产品和产地环境检测+证后监督"。认证程序一般包括认证申请和受理、检查准备与实施、合格评定和认证决定、监督与管理这些主要流程。广义的有机食品除包括可食用的有机食品外，还包括农药、肥料、饲料添加剂、兽药、渔药等农业生产资料及其他产品，其认证程序与有机食品的认证程序相同。

一、申请与受理

1. 认证机构公开信息

在认证申请和受理阶段，对于认证机构来说，应当向所有申请者公开如下信息：

（1）国家认证认可监督管理委员会批准的认证范围和中国认证机构国家认可委员会认可的认证范围。

（2）认证程序和认证要求。

（3）认证依据标准。

（4）认证收费标准。

（5）认证机构和申请人的权利、义务。

（6）认证机构处理申诉、投诉和争议的程序。

（7）批准、暂停和撤销认证的规定和程序。

（8）对获证单位或者个人使用中国有机产品标志、中国转换期有机产品标志、认证机构的标识和名称的要求。

（9）对获证单位或者个人按照认证证书的范围进行正确宣传的要求。

在申请者明确认证意向时，认证机构向消费者发放申请书和调查表等相关资料。为了便于比较全面、准确地了解申请者关于认证的基本情况，认证机构一般都备有固定格式的申请表和农场、加工厂、流通贸易等基本情况调查表。

2. 申请者提交材料

对于申请有机食品认证的单位或者个人，根据有机食品生产或者加工活动的需要，可以向有机食品认证机构申请有机食品生产认证或者有机食品加工认证。根据《有机产品认证管理办法》和《有机产品认证实施细则》等的规定，申请者应当向有机食品认证机构提出书面申请，并提交下列材料：

（1）申请人的合法经营资质文件，如土地使用证、营业执照、租赁合同等；当申请人不是有机食品的直接生产或加工者时，申请人还需要提交与有机食品供应方签订的书面合同。

（2）申请人及有机生产、加工的基本情况，包括申请人及其生产者名称、地址、联系方式；产地（基地）或加工场所的名称、基本情况；过去三年间的生产历史，包括对农事、病虫草害防治、投入物使用及收获情况的描述；生产、加工规模，包括品种、面积、产量、加工量等描述；申请和获得其他有机食品认证情况。

（3）产地（基地）区域范围描述，包括地理位置图、地块分布图、地块图、面积、缓冲带，周围临近地块的情况说明等；加工场所周边环境描述、厂区平面图、工艺流程图等。

（4）申请认证的有机食品生产、加工、销售计划，包括品种、面积、预计产量、加工产品品种、预计加工量、销售产品品种和计划销售量、销售去向等。

（5）产地（基地）、加工场所有关环境质量的证明材料。

（6）有关专业技术和管理人员的资质证明材料。

（7）保证执行有机食品标准的声明。

（8）有机生产、加工的管理体系文件。

（9）其他相关材料。

个体小农户一般采取团体认证的形式申请认证。如果多个农户在同一地区从事农业生产，这些农户都愿意以有机方式开展生产，并且建立了严密的组织管理体系和内部检查体系，可以保证有机生产措施得到有效实施，那么这些农户所拥有的土地可以被看做是一个整体的独立的农场。小农户组织管理体系，可以是按章程组织起来的农民专业生产协会或专业生产合作社等农民合作组织，也可以是按契约关系与“农业龙头企业”组成的“农户+基地+企业”利益共同体，还可以是按其他形式有效组成的组织。

在此期间，认证机构一方面应当对申请者提出的认证申请进行评审，重点关注申请是否符合有机认证基本要求和相关文件及资料是否齐全，明确该申请是否符合申请条件；另一方面，明确该申请是否处在本认证机构的认可范围、能力范围或资源范围之内，完成该项认证所需的资源和时间等，在规定的时间内做出是否受理的决定。在此基础上，认证机构和申请者之间应当签订正式的书面认证协议，明确认证依据、认证范围、认证费用、现场检查日期、双方责任、证书使用规定、违约责任等事项。

二、检查准备与实施

认证协议签订后，认证机构即安排相关人员对该项认证进行策划，根据申请者的专业特点和性质确定认证依据，选择并委派进行现场检查的检查员组成检查组，必要时配备相应的技术专家。

1. 检查准备

认证机构应向检查员提供充分的信息，以便检查员为检查实施做适当准备。认证机构或检查组一般要对申请者提交的有机食品认证所需的文件资料的符合性、完整性、充分性进行审核和基本判定，文件审核时重点关注有机生产技术规程、有机加工操作规程、与保持有机完整性有关的基本情况及其控制程序、产品检测报告以及法律法规的基本要求等，将审核意见编制成文件审核报告，并提交给申请者。若申请者的文件不能完全符合要求时，一般要求申请者在双方确定的现场检查日期前将文件审核报告中提出的不符合全部纠正完毕，也可能安排检查员在现场检查中进行验证。

现场检查包括例行检查和非例行检查。例行检查包括首次认证检查和例行换证检查，也称监督检查。例行检查每年至少一次。非例行检查是在获证者中按一定比例随机抽取检查对象、或对被举报对象进行的不通知检查，也称飞行检查。对于产地（基地）的首次检查，检查范围应不少于2／3的生产活动范围。对于多农户参加的有机生产，访问的农户数不少于农户总数的平方根。

检查组根据文件审核评审的结果和相关信息，对现场检查进行策划，与受检查方保持密切的沟通，确定检查的范围、场所、日期及检查组的分工等，一般以书面形式将现场检查计划通知受检查方并获得确认。

对受检查方的有机生产或加工场所进行现场检查是有机食品认证的核心环节。检查通常在认证产品的收获前或加工期间进行。特别是对农产品的检查，应在作物和畜禽的收获或屠宰以前进行。

2. 现场检查

现场检查的主要工作内容是对受检查方的有机生产和加工、包装、仓储、运输、销售等过程及其场所进行检查和核实，评价这些过程是否符合认证依据的要求、技术措施和管理体系能否保证有机食品的质量，评估是否存在破坏有机完整性的风险，审核记录保持系统是否具有可追索性，收集与支持认证决定有关的证据和材料等。

现场检查的另一项重要工作是对受检查方的有机生产或加工的能力和规模进行核实，核算认证年度中有机作物、畜禽等生产或加工产品的种类及其数量，以便在有机食品证书上予以明确界定。

现场检查包括对转换期的追溯核查、分离生产、平行生产、转基因产品的核查，也包括对特殊情况和范围的检查如小农户的检查、投入物的核查等，确认生产、加工过程与认证依据标准的符合性。检查过程至少应包括：

（1）对生产地块、加工、贮藏场所等的检查。

（2）对生产管理人员、内部检查人员、生产者的访谈。

（3）对GB/T19630，4—2005：《有机产品第4部分：管理体系》4.2.6条款所规定的生产、加工记录的检查。

（4）对追踪体系的评价。

（5）对内部检查和持续改进的评估。

（6）对产地环境质量状况及其对有机生产可能产生污染的风险的确认和评估。

（7）必要时，对样品采集与分析。

（8）使用时，对上一年度认证机构提出的整改要求执行情况进行检查。

（9）在结束检查前，对检查情况进行总结，明确存在的问题，并确认整改的方式和期限等，同时允许被检查方对存在的问题进行说明。

（10）在完成现场检查后，根据现场检查发现，编制并向认证机构提交公正、客观和全面的关于认证要求符合性的检查报告。

三、合格评定与认证决定

认证机构应根据评价过程中收集的信息、检查报告和其他有关信息，评价所采用的标准等认证依据及法律法规的适用性和符合性、现场检查的合理性和充分性、检查报告及证据和材料的客观性、真实性和完整性等，并重点进行有机生产和加工过程符合性判定、产品质量安全符合性判定以及产品质量是否符合执行标准的要求，最终做出能否发放证书的决定。

申请人的生产活动及管理体系符合认证标准的要求，认证机构予以批准认证。生产活动、管理体系及其他相关方面不完全符合认证标准的要求，认证机构提出整改要求，申请人已经在规定的期限内完成整改，或已经提交整改措施并有能力在规定的期限内完成整改以满足认证要求的，认证机构经过验证后可批准认证。

1. 不予颁证

申请人的生产活动存在以下情况之一，认证机构不予批准认证：

（1）未建立管理体系，或建立的管理体系未有效实施。

（2）使用禁用物质。

（3）生产过程不具有可追溯性。

（4）未按照认证机构规定的时间完成整改，提交整改措施，或所提交的整改措施未满足认证要求。

（5）其他严重不符合有机标准要求的事项。

认证机构应当按照认证依据的要求及时做出认证结论，并保证认证结论的客观、真实。对不符合认证要求的，应当书面通知申请人，并说明理由。根据相关认可准则的规定，认证决定可以由认证机构委托的一组人（一般称作颁证委员会、技术委员会）或某个人做出。认证机构应当对其做出的认证结论负责。

2. 颁发证书

对符合有机食品认证要求的，认证机构应当向申请人出具有机食品认证证书，并准许其使用有机食品认证标志。属于有机食品转换期间的产品，证书中应当注明“转换”字样和转换期限，并应当使用注明“转换”字样的有机食品认证标志。有机食品认证证书的有效期为一年。

虽然各认证机构证书的式样和格式有所区别，但证书的主要内容都包括以下几个方面：

（1）获证单位或个人名称、地址。

（2）获证产品的数量、产地面积和产品种类。

（3）有机食品认证的类别。

（4）依据的标准或者技术规范。

（5）有机食品认证标志的使用范围、数量、使用形式或者方式。

（6）颁证机构、颁发日期、有效期和负责人签字。

（7）属于有机食品转换期间的，注明“转换”字样和转换期限。

四、监督和管理

有机食品认证证书有效期通常为一年。获证者应在有效期期满前向认证机构申请年度换证，认证机构将由此启动监督换证检查程序。认证机构应当按照规定对获证单位和个人、获证产品及生产、变更情况等进行有效跟踪检查，即年度换证例行检查。例行检查至少一年一次。

申请人应及时就产品更改、生产过程更改或区域扩大、管理权或所有权等更改通知认证机构。

监督检查还包括非例行检查，非例行检查不应事先通知。非例行检查的对象和频次等可基于有关认可规则和认证机构对风险的判断及来源于社会、政府、消费者对获证产品的信息反馈。

根据需要定期或不定期进行产地（基地）环境检测和产品样品检测，保证认证、检测结论能够持续符合认证要求。

根据有关规定，认证机构在发放证书时应当告知获证者有关保持认证、证书变更、重新申请、证书撤销、注销、暂停等管理规定和事项。

1. 保持认证

获证者在有机食品认证证书有效期期满前，应向认证机构申请，履行保持认证的相关程序：

（1）申请人提出申请，领取相关文件，按《有机食品生产技术准则》的要求，完善本企业的质量管理体系、质量保证体系的技术措施和质量信息追踪及处理体系。

（2）认证机构制定检查计划和核算认证费用（该费用可能与上一年费用不同）之后，向企业寄发《受理通知书》。

（3）检查员依据《有机食品生产技术准则》的要求，对申请人的质量管理体系、生产过程控制体系、追踪体系以及产地、生产、加工、仓储、运输、贸易等进行实地检查评估，尤其是申请人对上一年颁证整改要求的完成落实情况进行核实检查。必要时，检查员需对土壤、产品抽样，由检查员和申请人共同封样，将样品送指定的质检机构检测。

（4）检查员完成检查后按要求编写检查报告。认证机构根据申请人提供的保持认证调查表等相关材料以及检查员的检查报告和样品检验报告等进行综合审查评估，做出同意颁证、有条件颁证、有机转换颁证或拒绝颁证等决定。证书有效期为一年，并同时办理有机食品商标的使用手续。

2. 证书变更

获证者在有机食品认证证书有效期内，发生下列情形之一的，应当向认证机构办理变更手续。

（1）获证单位或者个人、有机食品生产、加工单位或者个人发生变更的。

（2）产品种类变更的。

（3）有机食品转换期满，需要变更的。

3. 重新申请证书

获证者在有机食品认证证书有效期内，发生下列情形之一的，应当向有机食品认证机构重新申请认证。

（1）产地（基地）、加工场所或者经营活动发生变更的。

（2）其他不能持续符合有机食品标准、相关技术规范要求的。

4. 证书撤销、注销、暂停的规定

获证者发生下列情形之一的，认证机构应当及时做出暂停、注销、撤销认证证书的决定。

（1）获证产品不能持续符合标准、技术规范要求的。

（2）获证单位或者个人、有机食品生产、加工单位发生变更的。

（3）产品种类与证书不相符的。

（4）证书超过有效期的。

（5）未按规定加施或者使用有机食品标志的。

对于撤销和注销的证书，有机食品认证机构应当予以收回。

第五节　农产品地理标志登记

农产品地理标志保护概述

我国加入WTO后，“地理标志”作为一项知识产权越来越被国人所关注。相对知识产权体系的其他领域，地理标志对很多人来说似乎很陌生。但事实上，地理标志对社会大众来说是接触最多、感受最直接的知识产权之一，因为它与人们日常生活最基本和最经常接触的农产品及食品的关系最为密切，只是过去在我国没有将地理标志作为一种知识产权认识、对待以及加以制度性规定。通俗地讲，地理标志就是用商品的地理来源名称标示商品特性及声誉的标记，国际上被广泛运用于农产品及食品、传统的工业产品和手工艺品等诸多领域。对地理标志进行法律保护最主要的原因，是在于商品所具有的特性及声誉与其来源的地理及人文因素有不可替代的关联性，因而具有独特的商业价值，从而成为推销产品的一种有力工具，能给权利人带来竞争优势和经济利益。

1. 农产品地理标志概念的形成及内涵

（1）地理标志概念的形成。“地理标志”（又译为地理标记）概念是在产地标记、原产地名称概念的基础上，通过长期发展，目前被普遍接受的一个概念。人类社会从自然经济向商品经济转变中，一开始进入交换及贸易的产品，主要是农副土特产品，或者是以农产品为原料、与当地特定条件及独特工艺密切相关的初级加工品；这些产品中大多数用以相互区别的方式及标志主要是产地名称。因此，在这种交易过程中，当某种产品的品质、质量及特色得到人们的认知接受，其产地的名称往往就成为这种产品的代称。这也是我国及世界各国许多传统名、特、优农产品形成的过程，也正是地理标志的渊源和背景。

1883年《保护工业产权巴黎公约》提到了对“产地标记”的保护。1891年《制止虚假或欺诈性商品产地标记马德里协定》也提到了各国可以在进口时扣押带有虚假或欺骗性“产地标记”的商品。1958年里斯本外交会议通过了《原产地名称保护及其国际注册里斯本协定》，该协定将原产地名称定义为“某个国家、地区或地方的地理名称，用于指示某项产品来源于该地，其质量或特征完全或主要取决于地理环境，包括自然和人为因素。”

世贸组织于1994年通过的《与贸易有关的知识产权协议》（TRIPS协议）采用了“地理标志”这一概念，其中第二十二条第一款规定：“本协议的地理标志系指下列标志：其标示出某商品来源于某成员地域内，或来源于该地域中某地区或某地方，该商品的特定质量、信誉或其他特征，主要与该地理来源相关联。”

我国在2001年10月新修订的《商标法》中也增加了地理标志的有关内容，其中，第十六条第二款明确规定，“前款所称地理标志，是指标示某商品来源于某地区，该商品的特定质量、信誉或者其他特征，主要由该地区的自然因素或者人文因素所决定的标志。”

由此，可从3个方面把握地理标志的含义：第一，它是表示商品地理来源的标志，即自然属性；第二，此类商品往往具有特定的品质、信誉或其他特征，即核心属性；第三，此商品特定的品质、信誉或其他特征与该地理来源有一定程度的因果联系，即该商品的品质等主要由此地理来源的自然因素或人文因素所决定，也就是它的附加属性。

（2）农产品地理标志的概念。农业部于2007年12月25日颁布了《农产品地理标志管理办法》，并于2008年2月1日起施行。该办法中对农产品地理标志做出了明确定义：“农产品地理标志是指标示农产品来源于特定地域，产品品质和相关特征主要取决于自然生态环境和历史人文因素，并以地域名称冠名的特有农产品标志。”此处所称的农产品是指来源于农业的初级产品，即在农业活动中获得的植物、动物、微生物及其产品。

（3）农产品地理标志的图形及含义。农产品地理标志公共标识基本图案

（图5-1）由中华人民共和国农业部中英文字样、农产品地理标志中英文字样、麦穗、地球、日月等元素构成。公共标识的核心元素为麦穗、地球、日月相互辉映，麦穗代表生命与农产品，同时从整体上看是一个地球在宇宙中的运动状态，体现了农产品地理标志和地球、人类共存的内涵。标识的颜色由绿色和橙色组成，绿色象征农业和环保，橙色寓意丰收和成熟。

图 5-1　农产品地理标志公共标识图案

2. 地理标志与商标的区别

地理标志和商标都是并列的特殊形态的知识产权。地理标志不仅从属于人的创造力和劳动，同时还从属于地域、气候、水、土壤等自然条件；而商标只从属于人，与自然条件无关。商标是区别商品不同特征的一种专用标志。标志可以注册为商标，但标志决不等于商标，商标只是标志的一类。

地理标志与商标的区别是非常明显的。

首先，商标制度无法解决地理标志的产权归属问题。如前所述，地理标志是一个地域的名称，属于这个地域共有，而不能属于某个特定的企业或公民个人单独享有。由地理、人文、历史文化遗产组合构成的产品的无形资产应当由国家所有，这一地域的企业或组织只拥有其使用权。

商标本质上是一种私权利，可由个人或单个企业所有。如果把地理标志作为商标交由个人、单个企业或协会持有，就无法保证地理标志地域内的其他企业公平竞争，有可能会引起产权纠纷。

其次，商标无法保证地理标志产品特征的唯一性。地理标志在空间上，只从属于特定的地域和特定的自然地理条件，具有唯一性，不允许任意转让和买卖。在时间上，地理标志具有永久性，只要自然地理条件不变，产品特性不变，法律制度不变，就可以继续使用，甚至永久使用。而商标则不仅可以由任何厂商持有，而且可以跨地区、跨国进行买卖、转让、许可使用，不仅无法保护地理标志地域内企业的利益，而且还可能会造成产地误导，侵害消费者的利益，更无法保证产品的质量和信誉。在时间上，商标的使用是有限制的，按有关规定，商标注册有效期满不申请续展的，商标将被注销。

再次，在管理制度和方法上，商标制度无法保证产品的质量和信誉。商标注册仅仅是一种权利人得到某种机关认可的声明程序，如同婚姻登记并不保证爱情生活质量一样，商标注册登记本身也不保证产品的质量和信誉。而以法国为例的原产地域（地理标志）产品保护制度，显然可以使产品的质量和信誉得到充分保障。通过制定法律、标准、技术法规、操作规程和运用检验、检疫等手段，对原料生产、加工、制作到销售进行全方位、全过程的监督管理，从而有效保证产品优良品质。

在国际范围的保护也是如此。如果作为商标，要保护就要到国外申请注册，这不仅难以避免恶意抢注问题，而且会带来保护成本高昂的经济问题。地理标志按照《与贸易有关的知识产权协议》（TRIPS协议），由于其地理文化遗产的排他性，可在WTO成员范围内自动得到承认和保护。

最后，按照国际惯例，地理标志原则上不能用作注册商标。TRIPS协议第二十三条第三款规定：如果申请注册的商标中“含有误导公众对商品的真正来源地产生误解”的地理标志，则成员应当依法拒绝其商标注册的申请，已经注册的商标则应当予以撤销。

基本要求

1. *产品条件*：申请地理标志登记的农产品，应当符合下列条件：（1）称谓由地理区域名称和农产品通用名称构成；（2）产品有独特的品质特性或者特定的生产方式；（3）产品品质和特色主要取决于独特的自然生态环境和人文历史因素；（4）产品有限定的生产区域范围；（5）产地环境、产品质量符合国家强制性技术规范要求。

2. *申请人要求*：农产品地理标志登记申请人为县级以上地方人民政府根据下列条件择优确定的农民专业合作经济组织、行业协会等组织。该组织要具有监督和管理农产品地理标志及其产品，为地理标志农产品生产、加工、营销提供指导服务，具有独立承担民事责任等能力。

登记管理

1. 登记申请

符合农产品地理标志登记条件的申请人，可以向省级人民政府农业行政主管部门提出登记申请，并提交下列申请材料：①登记申请书；②申请人资质证明；③产品典型特征特性描述和相应产品品质鉴定报告；④产地环境条件、生产技术规范和产品质量安全技术规范；⑤地域范围确定性文件和生产地域分布图；⑥产品实物样品或者样品图片；⑦其他必要的说明性或者证明性材料。

2. 审查

省级人民政府农业行政主管部门自受理农产品地理标志登记申请之日起，应当在45个工作日内完成申请材料的初审和现场核查，并提出初审意见。符合条件的，将申请材料和初审意见报送农业部农产品质量安全中心；不符合条件的，应当在提出初审意见之日起10个工作日内将相关意见和建议通知申请人。

农业部农产品质量安全中心应当自收到申请材料和初审意见之日起20个工作日内，对申请材料进行审查，提出审查意见，并组织专家评审。经专家评审通过的，由农业部农产品质量安全中心代表农业部对社会公示。有关单位和个人有异议的，应当自公示截止日起20日内向农业部农产品质量安全中心提出。公示无异议的，由农业部做出登记决定并公告，颁发《中华人民共和国农产品地理标志登记证书》，公布登记产品相关技术规范和标准。

3. 证书使用

农产品地理标志登记证书长期有效。但有下列情形之一的，登记证书持有人应当按照规定程序提出变更申请：①登记证书持有人或者法定代表人发生变化的；②地域范围或者相应自然生态环境发生变化的。

标志使用

1. 申请

生产经营的农产品产自登记确定的地域范围、已取得登记农产品相关的生产经营资质、能够严格按照规定的质量技术规范组织开展生产经营活动、具有地理标志农产品市场开发经营能力的单位和个人，可以向登记证书持有人申请使用农产品地理标志。

2. 使用

使用农产品地理标志，应当按照生产经营年度与登记证书持有人签定农产品地理标志使用协议，在协议中载明使用的数量、范围及相关的责任义务。农产品地理标志登记证书持有人不得向农产品地理标志使用人收取使用费。

3. 农产品地理标志使用人的权利和义务。

（1）权利：农产品地理标志使用人可以在产品及其包装上使用农产品地理标志，可以使用登记的农产品地理标志进行宣传和参加展览、展示及展销。

（2）义务：农产品地理标志使用人要自觉接受登记证书持有人的监督检查，保证地理标志农产品的品质和信誉，正确规范地使用农产品地理标志。

4. 监督管理：县级以上人民政府农业行政主管部门应当加强农产品地理标志监督管理工作，定期对登记的地理标志农产品的地域范围、标志使用等进行监督检查。登记的地理标志农产品或登记证书持有人不符合规定的，由农业部注销其地理标志登记证书并对外公告。

第六节　名牌农产品认定

基本条件

1. 申请人需要具备的条件

（1）申请人要具有独立的企业法人或社团法人资格，法人注册地址在中国境内。

（2）有健全和有效运行的产品质量安全控制体系、环境保护体系，建立了产品质量追溯制度。

（3）按照标准化方式组织生产。

（4）有稳定的销售渠道和完善的售后服务。

（5）最近3年内无质量安全事故。

2. 申请“中国名牌农产品”称号的产品，需要具备的条件

（1）产品符合国家有关法律法规和产业政策的规定。

（2）在中国境内生产，有固定的生产基地，批量生产至少3年。

（3）在中国境内注册并归申请人所有的产品注册商标。

（4）符合国家标准、行业标准或国际标准。

（5）市场销售量、知名度居国内同类产品前列，在当地农业和农村经济中占有重要地位，消费者满意程度高。

（6）产品质量检验合格。

（7）食用农产品应获得“无公害农产品”、“绿色食品”或者“有机食品”称号之一。

（8）开展过省级名牌认定的要求是省级名牌农产品，不是省级名牌农产品的，由省级农业行政主管部门出具本省未开展省级名牌农产品认定工作的证明。

认定程序

农业部成立中国名牌农产品推进委员会（以下简称名推委），负责组织领导中国名牌农产品评选认定工作，中国名牌农产品实行年度评审制度。

1. 申报范围

种植业类、畜牧业类、渔业类初级产品。

2. 申报材料

（1）《中国名牌农产品申请表》。

（2）申请人营业执照和注册商标复印件。

（3）农业部授权的检测机构或其他通过国家计量认证的检测机构，按照国家或行业等标准对申报产品出具的有效质量检验报告原件。

（4）采用标准的复印件。

（5）申请产品获得专利的提供产品专利证书复印件及地级市以上知识产权部门对申请人知识产权有效性的意见。

（6）申请产品获得科技成果奖的，提供省级以上（含省级）政府或科技行政主管部门的科技成果获奖证书复印件。

（7）申请人获得产品认证的，提供相关证书复印件。

（8）由当地税务部门提供的税收证明复印件。

（9）其他相关证书、证明复印件。

3. 申报程序

符合条件的申请人向所在省（自治区、直辖市及计划单列市）农业行政主管部门，提交一式两份《中国名牌农产品申请表》和其他申报材料的纸质件。各省（自治区、直辖市及计划单列市）农业行政主管部门省（自治区、直辖市及计划单列市）农业行政主管部门负责申报材料真实性、完整性的审查。符合条件的，签署推荐意见，报送名推委办公室。凡是没有省（自治区、直辖市及计划单列市）农业行政主管部门推荐意见的申报材料，不予受理。

中国名牌农产品推进委员会办公室组织评审委员会对申报材料进行评审，形成推荐名单和评审意见，上报名推委。名推委召开全体会议，审查推荐名单和评审意见，形成当年度的中国名牌农产品拟认定名单，并通过新闻媒体向社会公示，广泛征求意见。名推委全体委员会议审查公示结果，审核认定当年的中国名牌农产品名单。对已认定的中国名牌农产品，由农业部授予“中国名牌农产品”称号，颁发《中国名牌农产品证书》，并向社会公告。

监督管理

1. 中国名牌农产品有效期管理规定

“中国名牌农产品”称号的有效期为3年。在有效期内，《中国名牌农产品证书》持有人应当在规定的范围内使用“中国名牌农产品”标志。

对获得“中国名牌农产品”称号的产品实行质量监测制度。获证申请人每年应当向名推委办公室提交由获得国家级计量认证资质的检测机构出具的产品质量检验报告。名推委对中国名牌农产品进行不定期抽检。

2. 中国名牌农产品撤销管理规定

《中国名牌农产品证书》持有人有下列情形之一的，撤销其“中国名牌农产品”称号，注销其《中国名牌农产品证书》，并在3年内不再受理其申请。

（1）有弄虚作假行为的。

（2）转让、买卖、出租或者出借中国名牌农产品证书和标志的。

（3）扩大“中国名牌农产品”称号和标志使用范围的。

（4）产品质量抽查不合格的，消费者反映强烈，造成不良后果的。

（5）发生重大农产品质量安全事故，生产经营出现重大问题的。

（6）有严重违反法律法规行为的。

未获得或被撤销“中国名牌农产品”称号的农产品，不得使用“中国名牌农产品”称号与标志。

从事中国名牌农产品评选认定工作的相关人员，应当严格按照有关规定和程序进行评选认定工作，保守申请人的商业和技术秘密，保护申请人的知识产权。

第六章

循环农业

第一节　循环农业的概念与特征

循环农业的思想源自对石油农业环境后果的反思以及循环经济思想发展的启发。循环农业是相对于传统农业发展提出的一种新的发展模式，是运用可持续发展思想和循环经济理论与生态工程学方法，结合生态学、生态经济学、生态技术学原理及其基本规律，在保护农业生态环境和充分利用高新技术的基础上，调整和优化农业生态系统内部结构及产业结构，提高农业生态系统物质和能量的多级循环利用，严格控制外部有害物质的投入和农业废弃物的产生，最大限度地减轻环境污染。

循环农业的概念

“循环农业”一词于2002年首先由陈德敏提出，他只是对循环经济做了一些介绍，并没有给出一个明确的定义。循环（型）农业概念的正式提出应归功于郭铁民和周震峰（2004）。前者过于强调了生态环境的保护，而忽视了经济发展的重要性，与过去的生态农业并没有本质区别；而后者考虑到要以经济建设为中心，保护生态环境是为了保障经济能持续稳定发展。因此，运用生态学、生态经济学、生态技术学原理及其基本规律作为指导的农业经济形态，但表述上还可以更加完善一些。循环农业是指在农业生态系统中推进各种农业资源往复多层与高效流动的活动，以此实现节能减排与增收的目的，促进现代农业和农村的可持续发展。通俗地讲，循环农业就是运用物质循环再生原理和物质多层次利用技术，实现较少废弃物的生产和提高资源利用效率的农业生产方式。循环农业作为一种环境友好型农作方式，具有较好的社会效益、经济效益和生态效益。只有不断输入技术、信息、资金，使之成为充满活力的系统工程，才能更好地推进农村资源循环利用和现代农业持续发展。

循环农业倡导农业经济系统与生态环境系统相互协调、相互依存的发展战略，把农业经济增长建立在GDP增长、集约化、结构优化、人口规模、环境意识、环境文化等经济社会指标与生物多样性、土地承载力、环境质量、生态资源数量与质量等生态系统指标综合分析、合理规划的基础上，遵循减量化（reduce）、再使用（reuse）、再循环（recycle）即3R行动原则，通过实施一定边界内的有效干预，促进农业经济系统更和谐地纳入到生态系统的物质循环过程中来，利用生物与生物、生物与环境、环境与环境之间的能量和物质的联系所建立起来的整体功能和有序结构，实现生态系统中的能量、物质、信息和资源的有效转换，从而建立整体经济社会的循环经济模式，实现经济、社会与生态效益的有机统一。

循环农业的特征

循环农业是指通过农业技术创新和组织方式变革，调整和优化农业生态系统内部结构及产业结构，延长产业链条，提高农业系统物质能量的多级循环利用，最大限度地利用农业生物质能资源，利用生产中每一个物质环节，倡导清洁生产和节约消费，严格控制外部有害物质的投入和农业废弃物的产生，最大限度地减轻环境污染和生态破坏，同时，实现农业生产各个环节的价值增值和生活环境优美，使农业生产和生活真正纳入到农业生态系统循环中，实现生态的良性循环与农村建设的和谐发展。循环农业最主要特征是产业链延伸和资源节约。其包括以下4个方面：

（1）遵循循环经济理念的新生产方式，农业经济活动按照“投入品—产出品—废弃物—再生产—新产出品”的反馈式流程组织运行。在循环农业中尽量做到外界物质能量的减少，进入循环农业的系统外物质能量在经过一个生产环节后，进入到另一个生产环节，实现循环再利用，能够增加外界投入物质和能量的使用次数和延长其作用路径，经过多次利用和转化后，向外界排放的废弃物和能量实现最小化。

（2）一种资源节约与高效利用型的农业经济增长方式，提高水资源、土地资源、生物资源的利用效率，开发有机废弃物再生利用的新途径，探索微生物促进资源循环利用新方法。农业目标的实现要从投入和产出两个方面入手。循环农业与原来的高投入高产出农业思路相反，着重从投入角度来考虑，通过提高资源利用效率、节约物质能量的投入同样能够实现农业生产的目标。基于此，循环农业把投入和资源利用作为实现农业生产目标的出发点，就必然包括资源尽可能地节约、使用资源的链条尽量延长。

（3）一种产业链延伸型的农业空间拓展路径，实行全过程的清洁生产，使上一环节的废弃物作为下一环节的投入品，在产品深加工和资源化处理的过程中延长产业链条，建立起比较完整、闭合的产业网络。

（4）一种建设环境友好型新农村的新理念，遏制农业污染和生态破坏，在全社会倡导资源节约的增长方式和健康文明的消费模式，使农业生产和生活真正纳入到农业生态系统循环中，实现生态的良性循环与农村建设的和谐发展。

循环农业的兴起与发展

近半个多世纪以来，我国农业的增长在很大程度上依赖于资源开发和化石资源投入的增加，大量使用化肥、农药、生长调节剂等化学物品，带来了环境污染问题、生物多样性减少或消失的问题、土壤板结造成的自然肥力退化问题、地下水资源污染问题、食品安全问题等。我国农业在世界上创造了用7%的土地养活22%的人口的奇迹，但农业也成为一个不容忽视的重要资源消耗源，在某种程度上也可以说是巨大资源的浪费源，同时，也是一个重要的污染源。节能减排、降低污染、保护生态环境、提高资源利用效率和经济增长质量，农业肩负着义不容辞的责任。

20世纪90年代末期，国内外积极开展循环经济建设，并把循环经济应用于社会建设中去，提出建设循环型社会，在各个行业中推行循环经济，农业也不例外。

2002年，陈德敏等人在总结了农业的发展趋势和国际农业的发展潮流的基础上，首次提出发展循环农业要在生态农业的基础上，走循环经济的道路。

目前，国外已将循环经济应用于农业，国内也广泛开展了一系列循环农业的研究和试点工作，特别是福建、浙江、山东、江西、安徽、江苏、黑龙江、陕西、河北等省市走在了前列，它们根据当地的实际情况，在已发展的生态农业的基础上进行生态整合、生态链联结、模式转换、试验家庭型循环经济等。实现农业资源的合理利用，延缓资源的枯竭，逐步实现农业可持续发展。

我国发展循环农业的意义

发展循环农业是实施实现农业可持续发展战略的重要途径。循环型农业是运用可持续发展思想和循环经济理论与生态工程学的方法，在保护农业生态环境和充分利用高新技术的基础上，调整和优化农业生态系统内部结构及产业结构，提高农业系统物质能量的多级循环利用，严格控制外部有害物质的投入和农业废弃物的产生，最大限度地减轻环境污染，可以实现“低开采，高利用、低排放、再利用”。最大限度地利用进入生产和消费系统的物质和能量，提高经济运行的质量和效益，达到经济发展与资源、环境保护相协调，使农业生产经济活动真正纳入农业生态系统循环中，实现生态的良性循环与农业的可持续发展。对于河南来说，在建设中原经济区时，通过循环经济和循环农业途径，实现“三化协调、两不牺牲”的目标，即河南的经济社会发展要走“走一条不以牺牲农业和粮食、生态和环境为代价的‘三化’协调科学发展的路子”。

第二节　循环农业的理论与遵循的原则

循环农业的理论

一、农业生态学的有关理论

1. 生态系统物质循环与能量流动原理

物质和能量是所有生命运动的基本动力，能流是物流的动力，物流是能流的载体，生物有机体和生态系统为了自己的生存和发展，不仅要不断地输入能量，而且还要不断地完成物质循环。进入生态系统的能量和物质并不是静止的，而是不断地被吸收、固定、转化和循环的，形成了一条“环境—生产者—消费者—分解者”的生态系统各个组分之间的能量流动链条，维系着整个生态系统的生命。自然系统依靠食物链、食物网实现物质循环和能量流动，维持生态系统稳定；农业生态系统则要借助人工投入品及辅助能维持正常的生产功能和系统运转。在生态系统中，能流是单向流动的，并且在转化过程中逐渐衰变，有效能的数量逐级减少，最终趋向于全部转化为低效热能，由植物所固定的日光能沿着食物链逐步被消耗并最终脱离生态系统；生态系统中某些贮存的能量，也能形成逆向的反馈能流，但能量只能被利用一次，所谓再利用是指未被利用过的部分。但物流不是单向流动，而是循环往复的过程，物质由简单无机态到复杂有机态再回到简单无机态的再生过程，同时，也是系统的能量由生物固定、转化和水散的过程，不是只能利用一次，而是重复利用，物质在流动的过程中只是改变形态而不会消灭，可以在系统内永恒地循环，不会成为废物。

任何生态系统的存在和发展，都是能流与物流同时作用的结果，两者有一方受阻都会危及生态系统的延续和存在。参与生态系统循环的许多物质，特别是一些生物生长所不可缺少的营养物质既是用以维持生命活动的物质基础，又是能量的载体。以太阳能为动力合成有机物质，沿食物链逐级转移，在每次转移过程中都有物质的丢失和能量的损耗，但所丢失的物质部分都将返回环境，最终分解成简单的无机物，然后被植物吸收、利用，而所损耗的能量则将不能被再利用。但相对于生态系统而言，由于日光能为主要能源，是无限的，而物质却是有限的，分布也是很不均匀的。因此，农业生态系统如果调控合理，物质可以在系统内更新，不断地再次纳入系统循环，能量效率也得到持续提高。

2. 生态位与生物互补原理

生态位就是指生物在完成其正常生活周期时所表现出来的对环境综合适应的特征，是一个生物在物种和生态系统中的功能与地位，生态位与生物对资源的利用及生物群落中的种间竞争现象密切关联。生态位的理论表明：在同一生境中，不存在两个生态位完全相同的物种，不同或相似物种必须进行某种空间、时间、营养或年龄等生态位的分异和分离，才可能减少直接竞争，使物种之间趋向于相互补充；由多个物种组成的群落比单一物种的群落能更有效地利用环境资源，维持较高的生产力，并且有较高的稳定性。在农业生产中，人类从分布、形态、行为、年龄、营养、时间、空间等多方面对农业生物的物种组成进行合理的组配，以获得高的生态位效能，充分提高资源利用率和农业生态系统生产力。随着生态学概念的不断深化，已从单纯的自然生态系统转移到社会—经济—自然复合生态系统，生态位概念也进一步拓展，不再局限于单纯的种植业系统或养殖业系统，甚至拓展到整个农业经济系统。

生态系统中的多种生物种群在其长期进化过程中，形成对自然环境条件特有的适应性，生物种与种之间有着相互依存和相互制约的关系，且这一关系是极其复杂的。一方面，可以利用各种生物及生态系统中的各种相生关系，组建合理高效的复合生态系统，在有限的空间、时间内容纳更多的物种，生产更多的产品，对资源充分利用及维持系统的稳定性，如我国普遍采用的如立体种植、混合养殖、轮作以及利用蜜蜂与虫媒授粉作物等；另一方面，可以利用各种生物种群的相克关系，有效控制病、虫、草害，目前，正兴起的生物防治病虫害及杂草以及生物杀虫剂、杀菌剂、生物除草剂等生物农药技术已展示出广阔的发展前景。

3. 系统工程与整体效应原理

按照系统论及系统工程原理，任何一个系统都是由若干有密切联系的亚系统构成的，通过对整个系统的结构进行优化设计，利用系统各组分之间的相互作用及反馈机制进行调控，可以使系统的整体功能大于各亚系统功能之和。农业生态系统是由生物及环境组成的复杂网络系统，由许许多多不同层次的子系统构成，系统的层次间也存在密切联系，这种联系是通过物质循环、能量转换、价值转移和信息传递来实现的，合理的结构能提高系统整体功能和效率，提高整个农业生态系统的生产力及其稳定性。著名生态学家马世骏先生曾把生态学的基本原则高度浓缩概括为8个字："整体、协调、循环、再生"，其中，"整体、协调"点明了生态系统合理而协调的横向关系，而"循环、再生"则蕴含着生态系统永续运转的特性。农业生态系统的整体效应原理，就是充分考虑到系统内外的相互作用关系、系统整体运行规律及整体效应，运用系统工程方法，全面规划，合理组织农业生产，通过对系统进行生态优化设计与调控，使总体功能得到最大限度发挥。实现生态系统物种之间的协调共存、生物与环境之间的协调适应、生态系统结构与功能的协调发展以及不同生态过程的协调，建立起一个良性循环机制，使系统生产力和资源环境持续保持增值与更新，满足人类社会的长远需求，达到生态与经济两个系统的良性循环。

二、产业经济学的有关理论

1. 农业区位及地域分异原理

19世纪初期，德国经济学家杜能根据资本主义农业和市场的关系，探索因地价不同而引起的农业分带现象，创立了农业区位理论，它是一种从空间或地区方面定量地研究自然和社会现象的理论。经济学家对这一理论又进行了发展，从自然区位向经济区位、市场区位、生态经济区位等拓展，并结合比较优势理论等，有效推进了农业区域化、规模化、专业化生产发展。农业生产受自然因素限制比较明显，农业发展必须因地制宜、扬长避短，充分发挥区位优势、经济优势、市场优势和科技优势，比较优势是区域分工的基本原则，也是进行农业结构调整的重要理论依据。由于地形地势、气候、土地、社会经济、人文等要素的相似与差异，区域存在着聚合与分离的现象，而农业生产是自然和人工环境与各类农业生物组成统一体，其地域分异特征显著。农业地域分异规律包括自然地理、人文地理、生物地理的差异，造成了农业生产及生态经济类型差异性；尽管随着社会经济持续发展，农业从传统性、自给性、粗放性向现代性、商品性、集约性方向发展的规律是相同的，但农业的地域性、多样性仍将长期存在。我国幅员辽阔，自然与社会经济条件格外复杂，发展循环农业必须使物种和品种因地制宜，彼此之间结构合理，相互协调。依据地区环境，构建有特色的循环农业模式。要考虑地区全部资源的合理利用，对人力资源、土地资源、生物资源和其他自然资源等，按照自然生态规律和经济规律，进行全面规划，统筹兼顾，因地制宜，并不断优化其结构，充分提高太阳能和水的利用率，实现系统内的物质良性循环，使经济效益、生态效益和社会效益同步提高。

2. 农业可持续发展原理

可持续发展的本质涵义就是要当代人的发展不应危及后代人的发展能力和机会，实现资源最佳效率和公平配置，实现人与自然的和谐及协同进化。自20世纪80年代可持续农业兴起以来，世界各国在理论和实践上的探索不断深入，尽管理解和做法各有不同，但总的发展目标是相同的，即保障农业的资源环境持续、经济持续和社会持续等。资源环境持续性主要指合理利用资源并使其永续利用，同时，防止环境退化，尤其要保障农业非再生资源的可持续利用，包括化肥、农药、机械、水电等资源。经济持续性主要指经营农业生产的经济效益及其产品在市场上竞争能力保持良好和稳定，这直接影响到生产是否能维持和发展下去，尤其在以市场经济为主体的情况下，一种生产模式和某项技术措施能否推行和持久，主要看其经济效益如何，产品在国内外市场有无竞争能力，经济可行性是决定其持续性的关键因素。社会持续性指农业生产与国民经济总体发展协调，农产品能满足人民生活水平提高的需求，既要保证产品供应充足，保持农产品市场的繁荣和稳定，尤其是粮食和肉蛋产品的有效供给，又要保证产品优质、价格合理，能满足不同消费层次对优质农产品的需求，满足社会经济总体发展的需求。社会持续性直接影响着社会稳定和人民安居乐业的大局。

三、生态产业理论

1. 物质循环的纵向闭合

生态产业实现物质从源到汇的纵向闭合，达到资源的永续利用。生态产业的发展是将废弃的产品进行回收再利用，作为一种具有潜在利用价值的原料再利用，实现物质的封闭循环。

2. 生产功能与环境功能的统一

生态产业与传统产业的区别在于前者的经济价值来源于产品的表现和实际使用价值；后者的经济价值则来源于以物质形式存在的产品交换。当厂商生产的目的是为消费者提供某种功能，而不是某种固定产品时，就有利于建立灵活多样、面向功能的生产结构与体制，可以根据环境管制的要求变化调整产品、产业结构与工艺流程，实现产品的升级换代，达到生产功能与环境功能的统一。

循环农业遵循的原则

一、3R原则

循环农业的思想源自循环经济发展的启发。而循环经济最主要的原则就是我们常说的“3R”原则，即减量化（Reduce）、再利用（Reuse）和再循环（Recycle）。其中，减量化被解释为输入端方法，再利用侧重于市场过程，再循环属于输出端方法。这三者的优先顺序为减量化—再利用—再循环（资源化）。其意义首先在于减少经济源头污染物的产生量；其次是对于源头不能削减又能再利用的废弃物和经过消费者使用的包装物质、旧货等要加以回收利用，使它们再次参与到经济活动中；只有那些最终不能利用的废弃物，才允许做最终无害化处理。

在此基础上，还要增加可控化。循环农业通过合理设计，优化布局接口，形成循环链，使上一级废弃物成为下一级生产环节的原料，周而复始，有序循环，实现“低开采、高利用、低排放、再循环”，最大限度地利用进入生产和消费系统的物质和能量，有效防控有害物质或不利因素进入循环链，提高经济运行的质量和效益，达到经济发展与资源节约、环境保护相协调，并符合可持续发展战略的目标。

二、因地制宜原则

农业区域的形成是资源地域分异规律和劳动地域分异规律长期作用的结果。区域农产品生产强烈依赖于特定的区域资源。各地区丰富多样的自然资源劳动技能、生产水平、生产条件、消费习惯、农作制等是区域农业形成和持久发展的根本所在。一定的农产品集中度是发展现代产业的重要保障。循环农业的发展要依托现有的农业生产布局，产业格局和市场分布，因地制宜地发挥区域比较优势。提高集中度才能兼顾社会、经济和生态“三大效益的统一”。

三、产业主导原则

农业生产的市场化日趋显著，农产品市场化率和商品率越来越高。农业生产必须坚持以市场导向，瞄准国内和国外两大市场。因此，循环农业在产业选择上要突出区域优势，产品质量和特色，满足多元化市场的需求，才能促进循环农业的发展。

四、创新支撑

创新是民族的灵魂，没有创新就没有发展。而循环农业是农业发展的一种新思路，也是一种农业产业技术范式的变革，技术创新既是循环农业发展的根本动力，也是开发节约资源、保护环境的农业新技术。推广和普及废弃物综合利用技术、相关产业链接技术和可再生能源开发利用技术，培育生物质产业，发展节约型、环境友好型农业，减少农业面源污染，整理和修复被污染的环境技术等。

第三节　循环农业的实践模式

农户实践模式

农户实践模式是以单个农户为经营主体，通过产业思路创新和技术带动发展循环农业，以提高资源利用效率，减少污染物的排放和提升效益为目标，把种植业、养殖业、加工业以及生物质能链接成网络，形成产加销一体化经营体系。

我国最有代表性的例子就是北方四位一体的循环农业模式。

北方四位一体生态农业模式不光有着显著的经济、社会、生态、能源效益，在其他一些相关领域亦有着显著的效益。我国北方大部分区域因受自然条件和社会经济条件的制约，目前实现大规模集约化经营尚不可能，这就为庭院经济的充分发展创造了良好的空间。四位一体恰好满足了这一发展需求。四位一体生态农业模式其劳动强度适中，在北方冬季大多需要卷帘、监测温度、湿度、人工授粉等，劳动周期较长，家庭妇女、闲散劳动力都能干，充分利用了冬闲时的劳动力，有效遏制了剩余劳动力的盲目外流。在四位一体生态农业中由于将如厕、沼气池、畜（禽）圈（舍）统一规划，合理布局，人畜粪便及时进入沼气池，铲除了蚊蝇滋生之地，从而大大减轻了各种疾病的滋生与传播，使用沼气做燃料替代了煤和薪材，能有效地减少污染物的排放量，这些都极大地改善了农村庭院的生态环境，使用沼肥替代传统有机肥和化肥、农药对于发展无污染的绿色食品亦有重大意义。

在农户层次上，各地因地制宜创造出多姿多彩的循环农业模式，特别是以新农村建设、土地流转为契机，创造出适宜本地资源综合利用的循环农业模式，如在我国黄淮海粮食主产区，以作物秸秆特别是利用玉米秸秆发展养驴等草食家畜为纽带，走小麦、玉米等粮食作物种植—养驴—沼气“三位一体”的循环农业之路。

企业实践模式

企业实践模式是以企业为组织单元，采用企业自主经营、公司+基地、公司+基地+农户等产业化组织方式，以产业链延伸为特征，以科技支撑为依托，通过合同、契约、股份等形式与其他经营实体，特别是与农户连成互惠互利的产业纽带，采用清洁生产方式，拓展农业产业空间，形成规模化生产、加工增值和副产品综合利用为特征的循环农业模式。

以天津青水源“种—养—加—销”一体化的生态农业循环模式为例：

位于天津市北辰区双街镇的天津市青水源种养殖有限公司是天津市农业产业化龙头企业。公司以农业综合开发无公害蔬菜基地为起点，采用“种—养—加—销”一体化的循环农业模式，创建有机蔬菜基地、无公害粮食基地，基地提供饲料发展养殖业；农作物秸秆、养殖业粪污作沼气，经无害化处理后返回到种植园；利用沼气作能源，利用种养业提供的产品为原料，发展加工业，生产净菜、豆腐、特色肉食品等，副料豆腐渣等作饲料，又返回养殖业；经过深加工的食品提供给配送中心，进人销售渠道；其收入返回到种养园，为扩大再生产提供资金支持。

公司最大限度地利用农业资源，以尽可能少的投入得到更好更多的产品，对节约土地资源，减少能源浪费，改善生态环境，增加农民收入，发展沿海都市型现代农业具有积极意义，到目前已完成了两个国家农业综合开发项目。

公司围绕生态循环农业的建设目标，立足于当地资源优势，建成集有机蔬菜种植园、养殖园、农副产品加工厂、粪污无害化处理场、配送中心为一体的生态循环农业示范区，形成了种、养、加、销一体化的产业经济循环，无污染，符合循环经济的要求，项目起点高；项目以天津农学院产、学、研联合体为技术支撑，技术力量强；其主要产品通过了国家质量认证，市场前景好；主导产品通过批发营销、配送营销、联合营销、网络营销、认种认养营销，经营机制灵活，符合现代农业的发展要求。

公司具有自主创新能力，在天津市率先创建了规模最大的“青水源”有机蔬菜园区，并通过了国家质量认证；率先创建了认种认养营销运行机制，形成独具特色的营销模式，提高了市场占有份额；率先引进了30多个体现国内外高新科技成果的农作物新品种，整合了蔬菜种植技术、水产品健康养殖技术、储藏保鲜技术、沼气制作技术、食品加工技术等系列化高新技术，科技引领作用明显。

公司通过建立“种—养—加—销”一体化经营与废物资源化利用模式，促进农业生态系统内的资源循环利用；通过建立畜牧集约化、规模化、标准化经营，实现传统畜牧业向“资源—畜产品—再资源化”的现代畜牧生产过程转变，通过建立水生生物种群的动态平衡和食物链结构合理的发展模式，实现农业生产的区域循环；通过加大农业生产与加工过程中的废物综合利用力度，提高资源转化率，形成节约资源、保护环境的生产方式和消费方式，构建高产、优质、高效、生态、安全良性循环的农业经济体系。

目前，郊区农业产业化水平较低，产业间的关联度也不高。通过项目开发，以有机蔬菜种植为切入点，带动养殖业和加工业，提高配送能力，满足城市居民消费需求。养殖和加工业又反哺种植业，形成“种—养—加—销”的产业经济循环，实现集约化、产业化经营，可进一步优化都市型农村产业结构，有利于推进经济结构调整，加快技术进步和产业升级。该项目以高新技术和现代物质条件武装现代农业，形成独具特色的都市型现代农业，产品安全质量标准和产品附加值大幅度提高，促进农民增加收入。项目建成后，能带动农户3500多户，耕地613.3hm^2，平均增收15000元／hm^2，年可增收920多万元。

项目产品主要是有机蔬菜、水产品、豆制品、肉产品及居民日常生活必需食品，市场前景广阔。全市蔬菜年种植面积在12.86万hm^{2}左右，全市蔬菜年总产量保持在540.12万吨以上，人均年占有量达到了520多kg。

水产品：水产养殖业在保障食品安全、改善膳食结构、发展农村经济和提高农民收入等方面起到主要作用。目前，我国养殖产量已经占到世界养殖产量一半以上，人均占有量达到34.6kg，超过世界平均水平。天津市水产养殖面积4.3万hm^2，年总产量35.8万吨，人均占有量35.8kg，是天津市农业的优势产业。

豆制品：随着生活水平的提高和饮食观念的变化，大豆制品越来越受到人们的青睐。国内，新兴豆制品的开发及传统豆制品的改良成为研究的主要方向；国外，日本和美国等国家对豆制品的消费也呈现大幅度增长的趋势。

肉产品：目前，全国农民平均每天只吃50g肉（年18kg），城镇居民人均每天还吃不到100g肉（年36kg）。中国肉类消费的近期目标是人均每天多吃100g肉。

目前，我国农业发展已进入一个新的阶段，农业发展由产量型向素质型转变，由解决短缺问题向保障食品营养与安全转变。但是，随着我国经济、人口的持续增长和城市化进程加快，来自工业、农业和生活的污水不断增多，农业生态环境已经受到不同程度污染；因此，建立循环经济示范区，实现废水的净化与回用，对推进我国水产健康养殖、实现渔业的可持续发展具有重要作用。

社区实践模式

社区实践模式是以社区（村）为单元，以项目带动，以建立一村一品特色农业为主导。对作物秸秆、人畜粪便等废弃物进行综合利用，对生活垃圾等统一收集处理与资源化利用，创造社区新经济增长点，壮大农村经济，通过实施乡村清洁工程，集成配套节水、节电、节能等实用技术、净化水源、净化田园和家园、清洁生产、生活舒适。

以北京市留民营生态村为例：

留民营生态农场位于北京市的东南郊大兴县境内，土地面积141.3hm^2，耕地110hm^2，该村位于永定河冲积平原地区，为第四纪覆盖物地区，南临凤河，北依凤港河，地势较低，地下水源丰富，常年地下水埋深1.5m左右，大旱之年5m，但恢复较快，地面取水比较方便。土壤有机质含量为1.7%左右，土壤（由北向南）为潮沙土、二合土、中盐二合土，保肥能力较强，气候属于暖温带半湿润季风气候，冬季属于西北大陆季风控制，夏季属于东南沿海季风影响其特点是夏季炎热多雨，冬季寒冷干燥，春季雨少风多，秋季天高气爽，四季分明。但冬夏长，春秋短，光能充足，年平均日照时数为2771.32小时，平均气温为11℃。

留民营生态农场是北京首批农业观光游示范点，位于大兴区长子营镇。留民营村于1986年10月被联合国环境规划署正式承认为“中国生态农业第一村”。农业观光园占地面积13万m^2，园内有新型日光温室31栋、全自动连栋式大棚1栋，为有机食品生产基地，所产蔬菜全部是施用有机肥、不喷洒农药的有机蔬菜。留民营生态农场是京郊农村最早跨入吨粮村和亿元村行列的农村之一。如今的留民营生态农场已经形成了以沼气为中心的农、林、牧、副、渔的生态系统。推动了以沼气为中心的“绿甜旅游”的加快发展。

建有生态农业区、无公害有机蔬菜高科技示范区、无污染旅游制品工业区、国际生态农业学术研究培训中心、沼气太阳能综合应用示范区、民俗旅游观光区、北京娃娃农庄、北京青少年绿色文明素质教育基地、全国蒲公英农村儿童文化园、国际生态学术研究培训中心、生态庄园旅游度假村、动物园和宾馆、影剧院、庄园酒楼、健身娱乐中心等设施。

园区发展模式

园区发展模式是以农业经济产业园区为基地，在园区范围内，建立产业共生的联合体，延伸生产链条，实现价值增值。以产业化经营为纽带，以企业为组织方式，通过单个企业（农户），或企业之间的农产品生产—产品深加工—副产品综合利用与资源化处理，将园区内各个经营主体融合为一体。

杭州蓝天生态循环农业园实现五大功能区循环生产，具体如下：

蓝天生态农业园位于杭州西部余杭径山，创建于2000年6月，蓝天生态农业园围绕猪场废弃物污染生态化处理和资源化利用，确立了循环经济生态发展战略，形成了“猪—蚯蚓—鳖—稻／草—梨／茶—羊”的新型农业循环经济模式，在园区内逐步发展了蚯蚓养殖、生态鳖养殖、湖羊养殖、水稻／牧草／黄花梨／大棚蔬菜种植及周边山地茶叶种植的农业产业结构。实现“资源—产品—再生资源”的良性循环，在社会、经济、生态建设方面取得了较大成绩，现已成为杭州市重点农业龙头企业，余杭区规模最大的养殖型龙头企业，并通过国家级循环经济标准化试点，成为全国第一家通过循环经济标准化试点项目的企业。

在蓝天生态农业园的五大功能区中，人们可以看到，春末至秋末，猪场粪污经干湿分离后，猪粪熟化送到大棚养蚯蚓。蚯蚓用作生态鳖基地的饵料，污水经生化处理后，作为水稻田肥水。秋末至春末，猪场粪污水经干湿分离后，熟化干粪到茶园、梨园施冬春肥，污水厌氧酸化处理后牧草田种墨西哥黑麦草，种草养羊。在生态鳖基地也形成生态小循环：用蚯蚓和专用鳖饲料喂甲鱼，甲鱼排泄物给水中鳙鱼吃，鳙鱼排泄物给塘底层螺蛳吃，螺蛳作为水中清道夫，净化有机物生成小螺蛳再给甲鱼当饵料，甲鱼干塘起捕池塘底泥又给堤坝上的梨树作有机肥。

种猪养殖区：占地7.3hm^2，年出栏种猪5000头、商品肉猪15000头规模。养殖场采用清洁生产技术，实施“清污分流、雨污分流、干湿分置”，对猪粪和污水实行干湿分离，猪粪被送入猪粪熟化池与秸秆混合发酵，腐熟后用于蝇蛆和蚯蚓养殖，产出的生物成体作为生态鳖饲料利用，残余的固体渣作为高档有机肥用作园区蔬菜基地和湖羊场饲料牧草地的底肥。猪场污水首先进入集水井，然后泵入水力筛网进行固液分离，进一步去除污水中的悬浮物质，粪渣混入猪粪中综合利用。污水自流进入水解酸化池，酸化池出水自流进入厌氧塘，为充分实现养殖污水的资源化利用，首先考虑将厌氧塘出水引出用于牧草地（黑麦草、墨西哥玉米轮种）的浇灌，产出的牧草作为湖羊原种场的青饲料，或经提升至周边山坡原有水塔用于山坡茶园灌溉利用，并配备“上有顶、下有底”的干粪贮存发酵池，防止二次污染。

蚯蚓养殖场：2002年投资60万元建成蚯蚓养殖塑料大棚（蚓反应器）1.2万m^2，改变猪粪未经无害化处理直接外运农田利用和鱼塘养鱼的历史状况，提高猪粪利用附加值，年利用鲜猪粪2000吨，农作物秸秆220吨，产蚯蚓活体39吨，蚓粪有机肥产量975吨，年创经济效益60.5万元。蚯蚓用于配置甲鱼饲料，蚓粪作为高档有机肥利用。以蚓制粪的技术，不仅有效地解决了猪粪处理难的问题，而且不同条件的场可以根据实际情况确定蚯蚓养殖面积，灵活性大，投资成本低，效益丰厚。

生态鳖养殖区：公司开挖生态鳖标准养殖塘229个，用蚯蚓饲喂甲鱼，不仅替代了部分甲鱼饲料，降低了养殖成本，而且还有利于提高甲鱼的诱食率，提高甲鱼的免疫水平，促进甲鱼生长；并自主创新采取“鳖—鱼—螺丝”分层混养生态技术、微生态制剂调控水质技术、“水位控制”技术和“稚鳖分级饲养技术”，实现了增产增效、削减饲料消耗和防疫药物使用的目标。公司外塘全生态的养殖方式，使鳖产品相继通过“无公害”“绿色”和“有机”农产品认证。

农产品种植区：总占地80hm^2，含蜜梨园、水稻田、蔬菜地，四季轮作，每年春末至秋末种植水稻，秋末至次年春末种植黑麦草作湖羊饲料，使用猪场有机肥，可年产优质水稻和草料。部分厌氧沼液和猪粪有机肥通过田间沟渠和人工运输得到资源化利用。

湖羊养殖区：羊场占地$2hm^2$，配套青饲料基地$4hm^2$，一年四季种植黑麦草、墨西哥玉米、苏丹草等牧草，年产湖羊种羊2000头、商品羊3000头。

循环型社会模式

循环型社会模式是在一定的区域范围内，把生产发展和生产消费有机整合。在农业生产过程中，种植业、养殖业、加工业通过产业化经营形成统一的网状产业链条。充分发挥农业的生产功能，做到物尽其用。在农产品流通环节，实行清洁流通，达到物畅其流；在生活环节，实现节约消费和清洁生活，发挥农业多功能性，最终实现区域内农业生产与生活的有机统一。

以广西贵糖股份公司生态产业园区为例：

一、公司基本情况

广西贵糖股份有限公司，简称（贵糖），地处广西壮族自治区东南的贵港市城西，坐落于西江之滨，毗邻黎湛铁路干线和国道324线。西江是大西南地区入海港口的黄金水道。广西贵糖（集团）股份有限公司由广西贵港甘蔗化工厂独家发起定向募集改组创立，其前身是广西贵县糖厂，于1956年建成投产，1994年完成股份制改造，组建成定向募集的广西贵糖（集团）股份有限公司，1998年11月11日贵糖股票在深圳证交所成功上市。

贵糖公司占地面积$1.5km^2$，现有在册员工约5200人。经过40多年的建设，目前贵糖拥有日榨万吨的制糖厂、大型的造纸厂和酒精厂、轻质碳酸钙厂。1998年，贵糖“桂花”牌白砂糖通过ISO9001国际质量体系认证，主要产品生产能力：年产白砂糖13万吨、加工原糖30万吨、机制纸10万吨、甘蔗渣制浆9万吨、酒精1万吨、轻质碳酸钙2.5万吨、回收烧碱2万吨。

2001年开始，贵糖实施国家批准立项的以贵糖集团为核心的“国家生态工业（制糖）建设示范园区—贵港）”的建设，这是我国以大型企业为龙头的第一个生态工业园区建设规划。贵糖实现了工业污染防治由末端治理向生产全过程控制的转变，经过多年的发展贵糖形成了制糖循环经济的雏形，建成了制糖、造纸、酒精、轻质碳酸钙的循环经济体系，制糖生产产生的蔗渣、废糖蜜、滤泥等废弃物经过处理后全部实现了循环利用，生产废弃物利用率为100%，综合利用产品的产值已经大大超过主业蔗糖。同时，还拥有多项具有国内领先水平的环保自主知识产权，极大增强了品牌价值。这种循环经济的生产模式，创造了巨大的经济和生态效益。2005年11月，贵糖被列为全国首批循环经济试点单位。

二、循环农业模式

1. 生态链的内容

（1）蔗田向园区提供甘蔗，保障园区原料供应；

（2）制糖系统生产各种糖产品；

（3）酒精系统利用废糖蜜生产酒精和酵母精；

（4）造纸系统利用蔗渣生产纸张；

（5）环境综合处理系统为园区内制造系统提供环境服务，包括废气、废水处理，生产水泥及复合肥等；5个系统通过废弃物和能源的交换，既节约了废物处理及能源成本，又减少了对空气、地下水及土地的污染。

2. 物质循环利用

制糖废弃物综合利用率100%，一年创造产值超过6亿元，占企业总产值的68%，已超过制糖本身的产值。每年利用废甘蔗渣55万吨造纸，产纸约16万吨。按10吨蔗渣代替0.8m^3木材计算，每年节约原木资源44万m^3，即少砍伐2.93万hm^2森林，节能减排更是显著，例如，在2005—2006年榨季，吨糖综合能耗为368kg标准煤，下降1.6%；取水24m^3，下降50%，重复利用率74%；SO_2排放减少780吨，烟尘减少17%，COD减少53%。

为使自己旗下的工业共生体更为完善，真正成为能源、水和材料流动的闭环系统，贵糖集团自2000年以后又逐步引入了以下产业：以干甘蔗叶作为饲料的肉牛和奶牛场、鲜奶场、牛制品场以及牛制品副产品生化厂；利用乳牛场的肥料发展蘑菇种植厂；利用蘑菇基地的剩余物作为甘蔗场的天然肥料，弥补了其生态产业链条上的缺口，真正实现了资源的充分利用和环境污染的最小化。

最近，贵糖利用碱回收生产过程中的废物白泥作为热电厂锅炉烟气脱硫剂，不仅使锅炉烟气达标排放，而且解决了白泥外运、外堆污染环境问题。可使年减少SO_2排放4500吨。在制糖业循环经济中，没有废物的概念，只有资源的概念。

其他类型模式

以江苏赣榆海洋经济开发区循环农业模式为例：

一、开发区基本现状

江苏省赣榆海洋经济开发区是2003年1月经江苏省人民政府批准设立的省级开发区，为全省首家成立的以海洋产业为主的开发区，也是连云港市唯一一家海洋经济开发区。海洋开发区管委会目前内设办公室、经济和社会发展局、招商局、国土规划建设局、财税局五个副科级职能机构，实行单列一级财政体制。

开发区规划范围为东临黄海，西接204国道，北至兴庄河，南抵青口河，总面积158km^2，其中陆地面积28km^2，批准启动区面积2km^2。

二、发展现状

赣榆县在推进农业现代化工程中，紧紧围绕生态农业做文章，充分开发利用自然资源，推动生态农业经济做大做强。到2003年9月上旬，全县建立规模化养殖小区46个，发展沼气池1633个，建成有机食品生产基地333.3hm^2，无公害基地2700hm^2，建科技示范园12个，建生态桑园600hm^2，农业循环经济发展势头迅猛。该县工商部门指导县内龙头企业和农民专业合作社走循环利用资源发展之路，形成了“金五公司+无公害地瓜基地+沼气”“金韩公司+10万头无公害生猪基地+沼气”等循环型发展模式，通过“沼气池接口工程”，把种植、养殖和加工连接起来，形成“闭环式生态链”。目前，该县已有近5万余户农民加入循环发展模式，人均年收入超2万元，增收幅度十分可观。

三、创新发展模式促进产业升级

榆县不断创新农业发展模式，推动现代农业向规模化、园区化、产业化、科技化方向发展，坚持用工业化、园区化、合作化的理念抓农业，着力推进高效设施农业园区建设，以园区建设为示范带动，推动现代农业提质扩面。该县设立了3000万元高效设施农业发展专项基金。目前，该县已形成了四季田园现代农业园区、海州湾现代渔业园区、夹谷山休闲观光农业园区、青口黄海高滩养殖园区等四大农业园区。其中，海州湾现代渔业园区创建成为省级园区，四季田园现代农业园区沙河雅仕农场现代化程度全省领先，墩尚泥鳅园通过国家良好农业规范和省农产品出口质量安全示范区双重认证；罗阳耐盐碱苗木园生物科技研发中心投入使用。全县设施蔬菜、梭子蟹、泥鳅等六大高效农业产业产值占农业总产值60%以上，培育蔬菜、泥鳅、海产品养殖加工3个10亿元产业。“四季田园”现代农业示范区，放眼望去，一座座现代温室大棚连绵不绝，一方方高效养殖水面紧密相连，一片片耐盐碱苗木美不胜收。该示范区总面积92km^2，下辖蔬菜产业园、泥鳅产业园和耐盐苗木园，逐步发展成为兼具生态、科技、农业观光为一体的现代化农业示范区。据了解，泥鳅产业园已带动泥鳅养殖、捕捞、收购、贩运、出口及饲料生产、销售等相关行业，仅墩尚镇及周边从业人员就达2万余人，泥鳅养殖面积达2333hm^2，是亚洲最大泥鳅养殖区，小小泥鳅已成长为13亿元的大产业。现代农业园区基本实现镇级全覆盖，并拥有两个省级园区，初获省高效设施农业发展先进县。

以“突破高效设施农业”为重点，着力形成农业提升、农村繁荣、农民富裕的“三农”发展格局。市委常委、赣榆县委书记王加培提出：“加快推进农业现代化，要求我们用工业的理念谋划农业，用工业的技术装备农业，用工业的方法管理农业，实现新型工业化与农业现代化的有机结合。”循着这一思路，全县掀起新一轮农业招商开发热潮。

第四节　循环农业发展模式的构建

循环农业发展模式构建的理论依据

循环农业发展模式构建的理论主要依据农业系统内部各产业以及第一产业与第二产业和第三产业之间的投入与产出分析。

我国不同地区循环农业发展模式实例

一、河北省邱县着力打造循环农业产业链

河北省邱县着力打造4条循环农业产业链，走出了一条农业县经济发展的新路子。一是依托棉花资源优势，着力打造“棉花—棉纺—秸秆热电”生产链，壮大发展了一批棉花精深加工企业，形成了集轧棉、纺纱、织布、印染、服装加工为一体的棉花精深加工产业链条；二是形成了“棉子—短绒—棉浆粕”的生产链，生产出的重要化工原料——棉浆粕，广泛应用于建筑、纺织、印染、玻璃纸、化工、食品等领域；三是依托林业优势和产业龙头，打造“基地林—林下种养—畜禽粪便返田”生态链，目前，已发展林下经济2000hm^2，在促农增收的同时，畜禽粪便每年可替代化肥近7000吨，形成了完整的生态链；四是形成“养殖—沼气—农业”生态链，依托这一产业建设的河北康远食品有限公司，是省级重点农业产业化龙头企业，羊肉制品出口量位居全国前3名。近期，投资5亿元的邱县康远公司禽类加工产业化项目已经开工建设。项目建成后，该企业将成为全国最大的清真禽类加工出口基地，为全县养殖业发展奠定了雄厚基础。

二、阜阳构建循环农业产业链

阜阳市是传统的农业大市，人多地少，经济增长与资源环境的矛盾较为尖锐。近年来，这个市在推行循环经济理念指导农业生产方面，因地制宜，做了一些有益的尝试。临泉县当选为“中国十大民间环保杰出人物”的长官镇农民王守红，创造了“牛—菌—沼—肥”和“林—草—牧—菌—肥”农业循环经济模式，并已在各乡镇广泛推广。

颍上县借助丰富的水资源优势，探索出“农—猪—渔—肥”的循环经济模式。荣获联合国环境署“全球500佳”提名的颍上县八里河，因地制宜，对荒湖洼地进行了连片综合开发，大力发展渔业养殖。按照“每户一口塘，一家三间房，西边是猪舍，东边是厨房”的模式，塘口上种植青饲料养家禽，禽粪便喂猪，猪粪喂鱼，塘泥还田。此外，该镇还利用鱼塘养藕、养鸭，形成了“农—渔—禽—藕”的循环经济模式。

阜南县为提高农业综合效益，改善生态环境，大力发展食用菌和沼气

事业，以此为依托和纽带推进农业循环经济。目前，该县已建成高标准食用菌基地20多片，全县147hm^{2}双孢菇每年可利用4400hm^{2}的麦秸和2.2万头牛的牛粪。

循环经济的发展，使阜阳农村形成了新的经济增长点：一是增加了农民收入，促进了经济发展。临泉长官镇年出栏黄牛近3万头，销售黄牛及牛粪收入9000多万元；双孢菇年出售800吨，销售收入近3000万元。颍上县八里河镇过去是荒滩洼地，如今是景美鱼肥，人均年收入已达近万元。二是节约了资源，改善了生态环境。循环经济有效地利用了农业废弃物等，促进了畜牧业的发展、农村能源结构的改变，减少了化肥、农药的使用量。

三、杨凌示范区生态农业产业链总体框架设计

以服务于杨凌农业高新技术产业示范区现有主导产业为目的，构建杨凌示范区生态农业产品链和废物链。杨凌示范区生态农业系统由种植业和养殖业组成。该系统通过光合作用吸收太阳能，接受外部投入如种子、化肥、农药、水等，其产品作为工业生产的原料，同时，在生产和加工过程中产生的农业废物又作为饲料、肥料等重新返回系统，构成系统的闭路循环。在系统内部，种植业和养殖业之间同样构成产品链和废物链，种植业为养殖业提供食物原料，养殖业产生的废物如粪便等又可返回为种植业提供养分。

根据杨凌农业高新技术产业示范区自然和资源条件，生态农业由粮、菜、饲和种、果、苗为主的种植业和以牛、羊、猪等牲畜为主的养殖业两大系统组成。各生产系统之间相互促进、互惠互利，形成农业产前、产中、产后三领域一体化和一条完整的生态农业产业链。合理调整示范区农业产业结构，建立“种、养、加、销”模式，使种植业、养殖业、加工业联合成一个整体，创造市场，统一销售，使杨凌示范区农业整体功能得到发挥，形成种、养、加、销各产业间相互促进，因地制宜安排产业结构和生产布局，形成“以农养畜，以畜带工，以工保经，以经促农”的良性互动循环。

1. 总体框架的设计

以循环经济系统规划和设计的原则为指导，立足于杨凌农业高新技术产业示范区自然、经济和社会发展现状，以杨凌农业高新技术产业示范区为依

托，基于循环经济基本理论、系统工程原理和方法，规划和设计以土地资源为基础，以太阳能为动力，以沼气生态能源工程为核心，集种植、养殖和生物质能源再生为一体，沼气、生物、有机肥料、饲料相结合，生产、生活废物资源高效转化和循环利用的复合生态系统工程。

2. 强化系统的功能与特点

该循环经济系统通过能流物流的集成和优化途径将生产、消费、还原再生过程相互链接，从而构成一个物质闭合循环、能源再生和价值增值的网络型复合生态经济系统。其功能特点主要表现为物质闭合循环、能量梯级利用和再生，充分体现3R原则，即使用来自沼气生态工程系统输出的沼渣、沼液等有机肥料，减少了农业生产中各种外源物质的投入，如化肥、农药、杀虫剂等，从而减轻了环境面源污染；使用沼气生物质能源，减少了生活消费系统中煤炭、薪柴等能源物质的输入，减少了污染气体排放。生产物资、设备回收利用，实现了再利用。作物秸秆转化为饲料、有机肥料，生产、生活消费后产物转化为生物质能源——沼气，和有机肥料，沼渣、沼液，从而实现了物质循环利用。

3. 高度重视多样化物质转化和循环利用模式

主要通过生态链实现物质转化和循环利用：

（1）种植系统（初级生产者）—蔬菜加工系统（次级生产者）—社会消费系统（消费者）—沼气生态工程（还原者）—种植系统（生产者）：

大气、水体和土壤等环境中的各种营养物质通过种植系统中绿色植物的吸收，形成了可直接消费的初级产品，或经一系列深加工过程后通过市场进入社会消费系统，如粮食、水果、蔬菜等。消费后的产物作为沼气生态工程系统的原料输入，形成了对环境无害的沼气、沼渣和沼液，沼渣、沼液可作为有机肥料直接返回到种植系统。这样，来自农田生态环境中的物质经过一系列的转化过程，实现了从“源—源”的闭路循环。

（2）种植系统（初级生产者）—饲料加工系统（次级生产者）—畜牧养殖系统（次级生产者）—乳品加工系统（次级生产者）—社会消费系统（消费者）—沼气生态工程（还原者）—种植系统（生产者）：

种植系统为畜牧养殖系统提供饲草料，经加工后的饲草料通过牲畜消化、吸收、转化，形成肉、蛋、奶等次级产品，经过食品加工、储运最终进入社会消费系统。人的排泄物作为沼气生态能源系统的输入，通过沼气生态工程形成了对环境无害的沼气、沼渣液，后者作为有机肥料直接返回到农田生态系统。

（3）种植系统—沼气生态工程系统—种植系统：种植系统的副产品（废弃物）作为沼气生态工程系统的原料，沼气生态工程系统产生的沼渣、沼液作为有机肥料返回到种植系统：

种植系统—饲料加工系统—畜牧养殖系统—种植系统。

种植系统为畜牧养殖系统提供饲草料，饲草料经牲畜消化后的排泄物，经堆沤后作为肥料直接进入种植系统。

（4）种植系统—饲料加工系统—畜牧养殖系统—沼气生态工程系统—畜牧养殖系统：

畜牧养殖系统产生的牲畜排泄物直接进入沼气生态工程系统，经转化后产生沼渣、沼气、沼液。沼渣经加工处理后可作为牲畜饲料。

（5）能量流动和能源再生：一般而言，生态系统中的能量源自太阳能，绿色植物通过光合作用把太阳能固定在植物体内，形成食物潜能。以食物为载体，能量在生物之间或系统之间进行传递和转化。能量流动的单向性决定了其在生物之间传递和转化时，除部分能量用于合成新的组织而作为潜能保存下来外，其余大部分能量转化为热而消散掉。

以沼气为核心的循环经济系统中，绿色作物以土地、大气环境为基础，以太阳能为动力，利用植物体中的叶绿素通过光合作用将太阳能固定在粮食、蔬果等食物中。

能量伴随食物产品从种植系统流入社会消费系统，部分能量伴随消费后的产物进入沼气生态工程系统之中，经过发酵过程转化再生为生物质能源—沼气；或从种植系统流入畜牧养殖系统，再进入社会消费系统，最后进入沼气生态工程，转化再生为生物质能源——沼气。

能量流动和能源再生的另外两条途径是：以秸秆有机物质直接进入沼气生态工程系统，经发酵生成生物质能源沼气；以饲草料方式进入畜牧养殖系统，经动物消化、转化后，排泄物直接进入沼气生态工程系统，转化为生物质能源——沼气。

循环农业发展模式构建中需要注意的若干问题

一、循环农业的均衡发展

针对循环农业发展现状，主要从以下3个层面推进循环农业均衡发展：

1. 农业资源的区域循环

在发展循环农业时，采取有效的措施，促进农业各系统形成跨区域的资源分层利用关系，从而可使各系统之间通过产品、中间产物和废弃物的交换、利用而相互衔接，形成一个比较完整的产业网络，使资源得到最佳配置，废弃物得到有效利用，环境污染减少到最小水平。

2. 农业资源的系统内循环

循环农业构成一个闭合循环，实现物质闭路循环、能量分级利用，把一种产品生产过程中产生的废弃物变成另一种产品生产的原料，实现物尽其用。

3. 农业资源的微循环

主要是建立和推广生态型家庭经济：其典型模式就是以生物食物链为平台，组建种植—养殖—加工—沼气循环农业模式，实现秸秆气化、环境美化的目的。

二、合理规划和统筹安排

实现农业资源不同层次上的循环，大多是通过沼气这个纽带把种植业和养殖业链接在一起，客观上要求在一定的区域范围内来实现。因此，需要合理规划、统筹安排，如以作物秸秆为饲料发展草食动物，就要考虑作物秸秆、沼渣、沼液的运输，沼气管道的输送半径，还要考虑作物秸秆生产量以及沼渣和沼液的吸纳量、畜禽养殖时的环境容纳量等问题。

三、强化农民环保意识和参与能力

发展循环农业需要提高广大农民的环保意识和参与能力，倡导绿色文明的生活方式，树立绿色环保理念，坚持从农村、农民的实际出发，因地制宜开展形式多样的宣传教育，采取灵活多样、通俗易懂、农民喜闻乐见的形式，充分利用广播、电影、电视、图书、报刊、幻灯、网络等各种载体，采用专访、系列报道、专题片、培训以及文艺表演等形式，广泛宣传和普及农村环境保护知识，大力宣传农村生态恶化对农民生存环境的危害和加强农村生态环境保护的重要性、紧迫性，着重宣传有关节水、节电、节肥、节药的生态农业实用的环保科普知识，围绕打造绿色食品供应基地，向农民宣传绿色食品知识，大力宣传生态农业，努力优化农业产业结构，引导农民发展绿色高效农业，促进农业增效、增收。积极引导广大农民群众自觉培养健康文明的生产、生活、消费方式，培养良好的生活习惯，动员广大农民自觉参与环境保护，从自身做起，自觉地维护、建设良好的农村环境，形成农村生态环境保护的整体氛围。

特别是在社会主义新农村、新型社区建设过程中，一定要规划好生活垃圾的收集、分类、无害化处理和资源化，对于生活垃圾可以加工生产有机肥、生物肥料，用于生产无公害和有机蔬菜等，把生活污水设计有收集系统。根据实际情况，可以利用湿地、人工湿地、氧化塘、土地处理系统进行净化处理，再资源化，用于绿化用水和洗车等。而且这些都需要农民的参与，毕竟不仅让农民住进楼房，农民综合素质也要上台阶，美丽乡村和美丽的社区才能建成。

第七章

智慧农业

第一节　智慧农业的概述

如何理解智慧农业

智慧农业就是充分应用现代信息技术成果，集成应用计算机与网络技术、物联网技术、音视频技术、3S技术、无线通信技术及专家智慧与知识，实现农业生产环境的智能感知、智能预警、智能决策、智能分析、专家在线指导，为农业生产提供精准化种植、可视化管理、智能化决策，实现更完备的信息化基础支撑、更透彻的农业信息感知、更集中的数据资源、更广泛的互联互通、更深入的智能控制、更贴心的公众服务。除了精准感知、控制与决策管理外，从广泛意义上讲，智慧农业还包括农业电子商务、食品溯源防伪、农业休闲旅游、农业信息服务等方面的内容。图7-1即为智慧农业流程图。

智慧农业效率高，有利于农业经营模式变革。用机械智能体系代替传统的田间地头巡查，提高了农业生产效率，减少了人力资源成本，降低能源消耗，实现农产品生产工厂化，提前预测农业生产的风险，推动传统农业向现代农业转化。智慧农业减少了资源浪费，节约了成本，优化了农产品品质，减少了农药污染。消费者可以随时追溯农产品生产数据与产地，实现了农产品“从田间到餐桌”的全过程管理。智慧农业强调整体化，将田地、养殖场所、周边村落视作一体，利用现代科技，实现能量的循环利用，对农业生产的能量消耗与污染物排放进行监测，保障农业生产环境质量，对土壤、水田品质及耐受程度进行计算，合理处理禽畜粪便，实现循环利用。

智慧农业的作用

1. 智慧农业能够有效改善农业生态环境

将农田、畜牧养殖场、水产养殖基地等生产单位和周边的生态环境视为整体，并通过对其物质交换和能量循环关系进行系统、精密运算，保障农业生产的生态环境在可承受范围内，如定量施肥不会造成土壤板结，经处理排放的畜禽粪便不会造成水和大气污染，反而能培肥地力等。

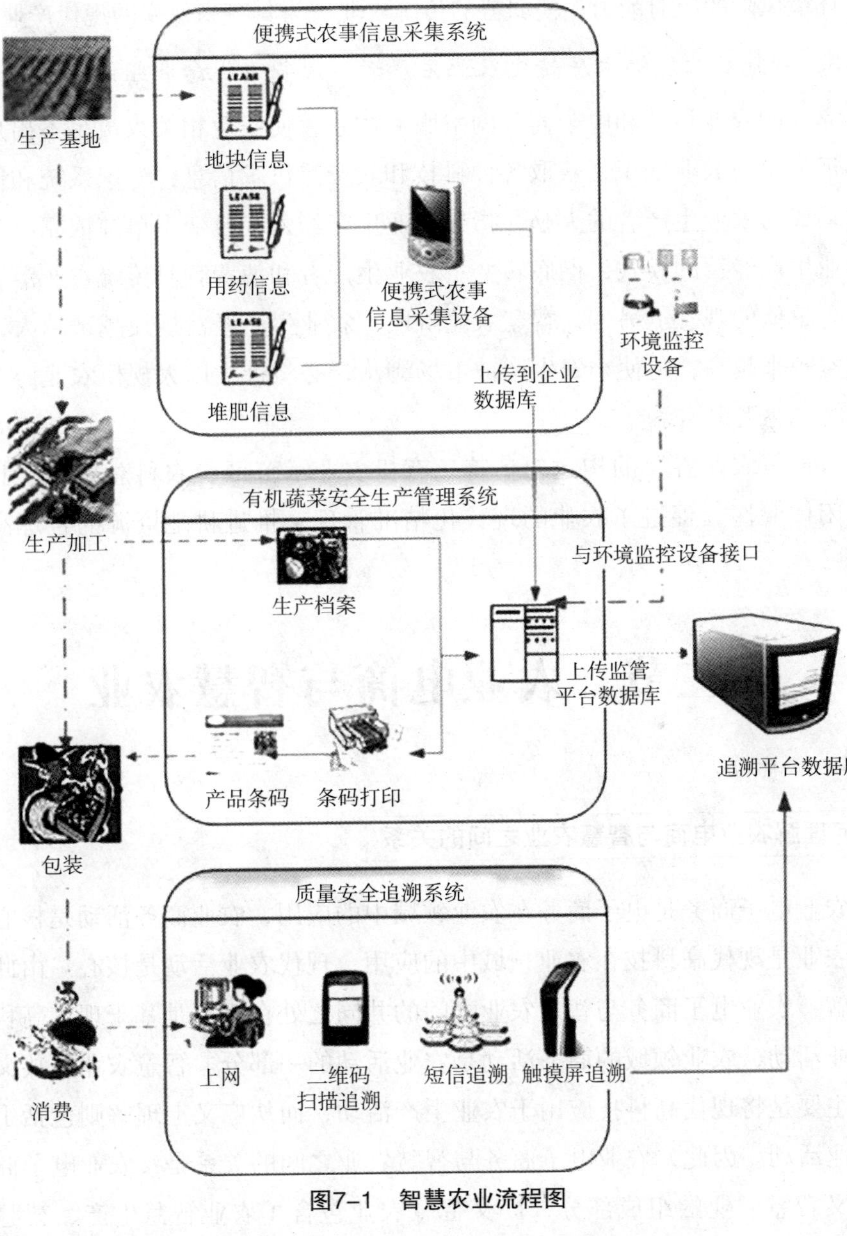

图7-1 智慧农业流程图

2. 智慧农业能够显著提高农业生产经营效率

基于精准的农业传感器进行实时监测，利用云计算、数据挖掘等技术进行多层次分析，并将分析指令与各种控制设备进行联动完成农业生产、管理。这种智能机械代替人的农业劳作，不仅解决了农业劳动力日益紧缺的问题，而且实现了农业生产高度规模化、集约化、工厂化，提高了农业生产对自然环境风险的应对能力，使弱势的传统农业成为具有高效率的现代产业。

3. 智慧农业能够彻底转变农业生产者、消费者观念和组织体系结构

完善的农业科技和电子商务网络服务体系，使农业相关人员足不出户就能够远程学习农业知识，获取各种科技和农产品供求信息：专家系统和信息化终端成为农业生产者的大脑，指导农业生产经营，改变了单纯依靠经验进行农业生产经营的模式，彻底转变了农业生产者和消费者对传统农业落后、科技含量低的观念。另外，智慧农业阶段，农业生产经营规模越来越大，生产效益越来越高，迫使小农生产被市场淘汰，必将催生以大规模农业协会为主体的农业组织体系。

“智慧农业谷”的构建包括特色有机农业示范区、农科总部园区和高端休闲体验区，促进了农业的现代化精准管理、推进耕地资源的合理高效利用。

第二节　农业电商与智慧农业

如何理解农业电商与智慧农业之间的关系

农业电子商务是电子商务在农业领域中的应用，农业商务活动是核心；智慧农业是现代高科技在农业领域中的应用，现代农业活动是核心。由此可以理解：农业电子商务与智慧农业之间的共同之处在于都是基于现代高科技的农业活动，农业领域的商务活动是农业活动的一部分。智慧农业从狭义上理解主要是将现代高科技应用于农业生产活动，而从广义上理解则包括了所有农业活动。因此，农业电子商务与智慧农业之间的关系是：农业电子商务是广义智慧农业的组成部分，广义智慧农业包含了农业智慧生产、智慧流通、智慧销售、智慧管理等功能子系统。

智慧农业的高科技让农业更加“智慧”

1. 智慧农业生产

农业物联网是智慧农业依托的主要高科技之一，物联网技术在智慧农业中的应用，主要有监控功能系统、监测功能系统、实时图像与视频监控功能。农业物联网在生产环节的应用主要包括 现代化温室和工厂化栽培调节和控制环境。它是利用农业物联网技术中的信息感知技术，主要包括农业传感器技术、RFID技术、GPS技术以及RS技术等：利用它们采集各个农业要素信息，包括种植业中的光、温、水、肥、气等参数，在不同的作物生长期，实施全面监测。这种生产环节的物联网应用见效快，能够为高附加值产品锦上添花；方便的快速复制，可以快速应用到不同的作物；而且这种技术各地都有类似的项目，有很成熟的应用。

2. 农产品智慧流通

农产品智慧流通主要包括智慧仓储、智慧配货、智慧运输和流通安全溯源。利用物联网中的RFID技术建立自动识别技术的仓库物流管理系统，实现库房高效管理，收发货高速自动记录，收货、入库、盘点、出库等多个流程能平滑连接，实现流通环节的智慧仓储。通过RFID结合条码技术、二维码技术，为农产品及加工产品加贴RFID电子标签、对农产品的流通进行编码，实现农产品的安全溯源。利用物联网技术“网络化”发展战略，建立批发市场信息数据库和集团协同管理信息平台，用来收集、储存、传输与整合客户信息、业务信息、交易信息、市场管理信息等，最终实现客户数据、业务数据的有效性、可靠性、整体性，通过信息流带动物流、商流，协同管控，同时采用RFID、传感器、GPS等高新技术实现智慧配货、智慧运输。农产品智慧流通，涉及农产品质量和食品安全以及农产品市场价格的稳定，社会意义重大，同时也具有很大的市场潜力。

3. 农产品智慧销售

农产品智慧销售是指农产品从预订、生产到物流配送的各个环节都在客户的掌握之中，能实现全程跟踪。它应该包括以下三个环节：①产品预订。产品的预订首先需要建立商务平台，目前农产品的商务平台主要采用农产品电商预售模式（C2B+O2O）的形式建立。各生产地，通过物联网技术中的条码技术、二维码技术进行农产品的产地和出货状况的管理，并将农产品信息发布上网。平台用户通过注册会员的形式，实现农产品自由集约订购。②有机生产。邀请行业专家，依据国家标准，结合各产区的实际，制订各农产品有机种植的具体标准，在安全生产监控下，遵规执行。③安全监控。为实现消费者的产品认证环节，采用物联网相关技术，通过监控系统，全程进行跟踪；为用户提供详细的数字及视频信息保障，使产品从生产，到物流配送的各个环节都在客户的掌握之中。在田间设立高杆多视角摄像头，通过无线方式连接至种植户或养殖户和驻点收购站，监控全程的无公害生产，监控视频图在平台网站上实时发布，订购者可随时监督。在物流配送中采用GPS等技术实现跟踪定位监控，确保配送过程安全。

4. 农业智慧管理

农业智慧管理包括智慧预警、智慧调度、智慧指挥、智慧控制等。利用物联网技术中的GIS，可以建立土地及水资源管理、土壤数据、自然条件、生产条件、作物苗情、病虫草害发生、发展趋势的空间信息数据库和进行空间信息的地理统计处理，实现智慧预警。利用专家系统（简称ES），依靠农业专家多年积累的知识和经验，对需要解决的农业问题进行解答、解释或判断，提出决策建议，实现智慧指挥。利用农业决策支持系统（简称DSS）可以实现作物栽培、饲料配方优化设计、大型养殖场管理、农业节水灌溉优化等方面的智慧调度。智能控制技术（称ICT），包括模糊控制、神经网络控制以及综合智能控制技术，主要用来解决复杂系统的控制问题。通过这些技术可以实现规模化的基地种植、设施园艺、畜禽养殖以及水产养殖中的智慧控制。

第三节　安徽智慧农业的案例分析

寻常的一天开始，合肥市的市民们来到位于红星路上的红府超市，在有机蔬菜专区挑选着刚上架的新鲜蔬菜。这些蔬菜的包装盒上都有一个小小的条形码标签，在超市里的农产品可追溯查询机上一刷，蔬菜的产地、种子来源、物流信息一目了然。

远在安徽利辛县的安徽浩翔农牧有限公司的物联网控制室里，通过每个猪舍内高高挂起的360度监视器，可以远程观察到2万多平方米猪舍内的实时现场，每头猪的状况都一览无余。如果猪饿了去拱食槽，自动供料喂养系统就会自动流出配好的饲料，猪吃饱离开食槽，饲料就会停止供应。

在来安县物联网项目建设指挥中心里，一个高2米，宽4.7米的信息显示屏上，分布在来安县不同区域的6个生产基地尽收眼底。下午3时40分，位于张山乡桃花村一个种植黄瓜的大棚里土壤墒情不足。这一情况被大棚里的传感器捕捉到，并传到种植户安装的软件平台上。种植户通过电脑发出滴灌指令。“似乎海市蜃楼景，已入寻常百姓家”。无论是红府超市蔬菜的农产品质量安全追溯系统，安徽浩翔农牧有限公司使用的控制系统，还是来安县物联网项目建设指挥中心使用的监测系统均得益于“智慧农业”这一现代化生产方式的运用，而在中国“智慧农业”发展道路上勇当“布道者”、担当“践行者”、誓当“领航者”的安徽朗坤物联网有限公司，用自己的“智慧”正努力让人们与“智慧农业”的距离渐行渐近。

用现代信息技术改造传统农业，是现代农业的发展方向。2012年开始，安徽省被列入国家物联网试验区，重点进行大田生产物联网实验。目前，安徽省初步建成了集省农业生产指挥调度中心大田生产物联网省级平台框架，框架包括农作物“四情”监测系统、大田生产智能决策系统、农机作业质量监控与调度系统三个子系统。平台已在4个县（场）开展应用示范，在20个粮食主产县建立了监测点。现在，安徽省农业生产指挥调度平台可以连接省农委视频会议系统、小麦“四情”监测调度系统和农业物联网工程各示范县综合服务平台，采用远程化、可视化、网络化手段对全省农业生产和抗灾救灾进行专家会诊、科学决策和快捷高效的指挥调度。与此同时，在13个县进行的省一级的农业物联网示范工程成果不菲，全省有111家采用农业物联网技术的农业企业，已建成并投入使用67家。试点县之一的来安县，是安徽省最早“尝鲜”物联网的县之一。全县已经投资100万元，建设6个农业物联网示范点。从用途看，当前农业物联网技术主要应用在农作物“四情”大田监测、农业精细化种植管理、水产养殖、畜禽养殖和农产品质量安全追溯等方面。

朗坤物联网对智慧农业的理解是：智慧农业包括三个层面：第一是解决政务问题；第二是解决农务问题；第三是解决商务问题。政务层面要建立农村三资管理监控网络系统等，农务层面要打造农业物联网综合服务平台，而商务层面则要搭建电子商务平台、农产品质量安全追溯平台和市场预警分析系统。

“开心农场”定标准

轻轻点击下鼠标或者是滑动一下智能手机，就能掌握蔬菜大棚内的温度、湿度、二氧化碳、光照等数据，还能自动给蔬菜浇水，让大棚通风。这是在由朗坤物联网承建的淮北市濉溪县五铺农场发生的场景。不仅仅是五铺农场，在徽王大圩蓝莓基地农业物联网示范园、合肥庐阳区三十岗乡农业物联网示范基地、芜湖市大浦现代农业物联网示范园、安徽黄山松萝有机茶叶农业物联网示范基地等地，这样的情景几乎天天在上演。同时，朗坤物联网还走出了安徽，在吉林、海南、江苏等地均有成功案例。如今，安徽省20个县的小麦四情监测系统和安徽省36个县的水稻四情监测系统都是由朗坤物联网承担开发的。大田“四情”监测系统（小麦、玉米、水稻、油菜等）中，每一块示范大田都分布着十几种传感器，它们收集到数据会实时传递到朗坤物联网的云端服务器上，经过数据专家的分析，以可视化方式呈现在Web网页上。农民坐在电脑前，轻点鼠标，即可实现翻地、播种、除虫、灌溉和收获，就如同“开心农场”一般简单。眼下，朗坤物联网的智慧农业解决方案已经在全国近百家企业中得到了应用，其专注打造的农业物联网云服务平台和农产品电子商务平台，已成为行业的领先者。而在农业物联网领域出色的表现，让朗坤物联网成为参与国家和国际物联网标准制定者之一，同时朗坤物联网还倡导成立了安徽农业物联网产业技术创新联盟，为安徽物联网产业快速发展开辟空间。2013年，农业部农业物联网技术集成与应用重点实验室落户朗坤物联网，开创了农业部农业科研重点实验室落户一家民营企业的先河。

“示范效应”助推广

物联网投入大，对一般中小型企业来说负担较大。当前不少物联网设备要靠进口，费用比较高。推动产学研对接，加大研发和推广力度，物联网应用成本会逐步降低。作为新鲜事物，物联网的推广运用，除了成本外还有认知上的障碍。很多人不知道什么叫农业物联网，甚至不少农业从业者对物联网的作用认识不足。示范生产基地可以直观展示，科普作用不小。安徽省农委将逐步建立省市县各级农业物联网技术应用队伍，总结宣传一批平台建设和应用典型，发挥示范引导作用，加大引导和扶持力度，切实解决人才、技术、资金等制约瓶颈。安徽省“四情”监测网络二期启动后，将增加36个粮食主产县，建立农情监测点，建成后系统将覆盖全部56个粮食主产县。同时还研发水稻、玉米、油菜农情监测系统软件，扩大应用范围。为强化实用性，将探索物联网技术和遥感技术结合。通过与12316平台融合，大田生产物联网系统还将具备政策宣传、技术推广、应急管理、市场信息、法律咨询等综合服务功能。为了推动省级农业物联网示范工程建设，将会在巩固提高13个首批示范县的基础上，完成新增10个示范县的建设任务，重点在设施蔬菜、畜牧、渔业、茶叶、水果等产业，依托国家级、省级现代农业示范区、龙头企业，省级农民专业合作社示范社和规模种养殖场，开展农业物联网应用试点。力争用3年左右时间，探索并形成农业物联网在大田作物以及蔬菜、畜牧、渔业、茶叶、水果等主导产业的技术应用和商业模式。

“世界硅谷”话梦想

不久的将来，在合肥南淝河沿岸，全球第一个“智慧农业硅谷”将在这里完美呈现。2013年由朗坤物联网发起并与合肥市瑶海区开发的“安徽省物联网科技产业园核心启动区（550亩）”项目已奠基启动，总投资20亿元。该园区主要包含“智慧谷”项目，和主要为与物联网关联企业的总部基地项目，另外还有科技产业园区配套项目。在这里将汇聚以色列、美国、欧盟等发达国家信息技术研发机构，在产业园打造一个“世界农业物联网硅谷”，未来全球智慧农业都可以将样板工程放在这里比试。